21世纪全国高等院校财经管理系列实用规划教材

社交礼仪

主　编　李　霞　荆秀芳
主　审　裴少桦
副主编　吴青兰　赵乐园
参　编　刘杨飘　张　莹　杜倩颖　张玲蓉　钱志芳
　　　　马　丽　李雅乐　朱春燕　彭　翎　盛　赟

内 容 简 介

本书共分 8 章,融合了礼仪知识的经典内容,以社交礼仪知识指导和实操技巧为主线,全面、系统地介绍了社交场合的主要礼仪内容,包括个人形象、基本社交、通信、出行等方面的礼仪知识点,同时兼顾了公共场合、休闲聚会和社会应酬等不同场合的基本礼仪内容。

本书采用全新体例编写,每章节以理论知识指导为主,辅以大量实用性操作内容,并配以大量图片形象、直观地展现了社交场合礼仪知识的应用技巧。每章节配备的案例分析简明扼要、精准到位,既契合主题又强化了礼仪知识点。各章归纳的本章小结和复习思考题,可辅助读者更好地掌握社交礼仪的知识。

本书可作为高等院校基础性礼仪教材,也可作为其他专业人士和社会爱好者系统学习礼仪知识的参考用书。

图书在版编目(CIP)数据

社交礼仪/荆秀芳,李霞主编．—北京:北京大学出版社,2014.1
 (21 世纪全国高等院校财经管理系列实用规划教材)
 ISBN 978-7-301-23418-1

Ⅰ. ①社… Ⅱ. ①荆…②李… Ⅲ. ①心理交往-礼仪-高等学校-教材 Ⅳ. ①C912.1

中国版本图书馆 CIP 数据核字(2013)第 260226 号

书　　　　名：	社交礼仪
著作责任者：	荆秀芳　李　霞　主编
策 划 编 辑：	万　里
责 任 编 辑：	翟　源
标 准 书 号：	ISBN 978-7-301-23418-1/F·3782
出 版 发 行：	北京大学出版社
地　　　　址：	北京市海淀区成府路 205 号　100871
网　　　　址：	http://www.pup.cn　新浪官方微博:@北京大学出版社
电 子 信 箱：	pup_6@163.com
电　　　　话：	邮购部 62752015　发行部 62750672　编辑部 62750667　出版部 62754962
印　　刷　　者：	北京宏伟双华印刷有限公司
经　　销　　者：	新华书店
	787 毫米×1092 毫米　16 开本　12.75 印张　285 千字
	2014 年 1 月第 1 版　2017 年 7 月第 3 次印刷
定　　　　价：	29.00 元

未经许可,不得以任何方式复制或抄袭本书之部分或全部内容。
版权所有,侵权必究
举报电话:010-62752024　电子信箱:fd@pup.pku.edu.cn

21世纪全国高等院校财经管理系列实用规划教材

专家编审委员会

主 任 委 员	刘诗白
副主任委员	（按拼音排序）

        韩传模　　　　李全喜　　　　王宗萍
        颜爱民　　　　曾　旗　　　　朱廷珺

顾　　　问　（按拼音排序）

        高俊山　　　　郭复初　　　　胡运权
        万后芬　　　　张　强

委　　　员　（按拼音排序）

        程春梅　　　　邓德胜　　　　范　徵
        冯根尧　　　　冯雷鸣　　　　黄解宇
        李柏生　　　　李定珍　　　　李相合
        李小红　　　　刘志超　　　　沈爱华
        王富华　　　　吴宝华　　　　张淑敏
        赵邦宏　　　　赵　宏　　　　赵秀玲

法律顾问　杨士富

丛 书 序

我国越来越多的高等院校设置了经济管理类学科专业,这是一个包括经济学、管理科学与工程、工商管理、公共管理、农业经济管理、图书档案学6个二级学科门类和22个专业的庞大学科体系。2006年教育部的数据表明,在全国普通高校中,经济类专业布点1518个,管理类专业布点4328个。其中除少量院校设置的经济管理专业偏重理论教学外,绝大部分属于应用型专业。经济管理类应用型专业主要着眼于培养社会主义国民经济发展所需要的德智体全面发展的高素质专门人才,要求既具有比较扎实的理论功底和良好的发展后劲,又具有较强的职业技能,并且又要求具有较好的创新精神和实践能力。

在当前开拓新型工业化道路,推进全面小康社会建设的新时期,进一步加强经济管理人才的培养,注重经济理论的系统化学习,特别是现代财经管理理论的学习,提高学生的专业理论素质和应用实践能力,培养出一大批高水平、高素质的经济管理人才,越来越成为提升我国经济竞争力、保证国民经济持续健康发展的重要前提。这就要求高等财经教育要更加注重依据国内外社会经济条件的变化,适时变革和调整教育目标和教学内容;要求经济管理学科专业更加注重应用、注重实践、注重规范、注重国际交流;要求经济管理学科专业与其他学科专业相互交融与协调发展;要求高等财经教育培养的人才具有更加丰富的社会知识和较强的人文素质及创新精神。要完成上述任务,各所高等院校需要进行深入的教学改革和创新,特别是要搞好有较高质量的教材的编写和创新工作。

出版社的领导和编辑通过对国内大学经济管理学科教材实际情况的调研,在与众多专家学者讨论的基础上,决定编写和出版一套面向经济管理学科专业的应用型系列教材,这是一项有利于促进高校教学改革发展的重要措施。

本系列教材是按照高等学校经济类和管理类学科本科专业规范、培养方案,以及课程教学大纲的要求,合理定位,由长期在教学第一线从事教学工作的教师编写,立足于21世纪经济管理类学科发展的需要,深入分析经济管理类专业本科学生现状及存在的问题,探索经济管理类专业本科学生综合素质培养的途径,以科学性、先进性、系统性和实用性为目标,其编写的特色主要体现在以下几个方面:

(1)关注经济管理学科发展的大背景,拓宽理论基础和专业知识,着眼于增强教学内容与实际的联系和应用性,突出创造能力和创新意识。

(2)体系完整、严密。系列涵盖经济类、管理类相关专业以及与经管相关的部分法律类课程,并把握相关课程之间的关系,整个系列丛书形成一套完整、严密的知识结构体系。

(3)内容新颖。借鉴国外最新的教材,融会当前有关经济管理学科的最新理论和实践经验,用最新知识充实教材内容。

(4)合作交流的成果。本系列教材是由全国上百所高校教师共同编写而成,在相互进行学术交流、经验借鉴、取长补短、集思广益的基础上,形成编写大纲。最终融合了各地特点,具有较强的适应性。

(5)案例教学。教材具备大量案例研究分析内容,让学生在学习过程中理论联系实际,特别列举了我国经济管理工作中的大量实际案例,这可大大增强学生的实际操作能力。

（6）注重能力培养。力求做到不断强化自我学习能力、思维能力、创造性解决问题的能力以及不断自我更新知识的能力，促进学生向着富有鲜明个性的方向发展。

作为高要求，财经管理类教材应在基本理论上做到以马克思主义为指导，结合我国财经工作的新实践，充分汲取中华民族优秀文化和西方科学管理思想，形成具有中国特色的创新教材。这一目标不可能一蹴而就，需要作者通过长期艰苦的学术劳动和不断地进行教材内容的更新才能达成。我希望这一系列教材的编写，将是我国拥有较高质量的高校财经管理学科应用型教材建设工程的新尝试和新起点。

我要感谢参加本系列教材编写和审稿的各位老师所付出的大量卓有成效的辛勤劳动。由于编写时间紧、相互协调难度大等原因，本系列教材肯定还存在一些不足和错漏。我相信，在各位老师的关心和帮助下，本系列教材一定能不断地改进和完善，并在我国大学经济管理类学科专业的教学改革和课程体系建设中起到应有的促进作用。

刘诗白

2007 年 8 月

刘诗白 现任西南财经大学名誉校长、教授，博士生导师，四川省社会科学联合会主席，《经济学家》杂志主编，全国高等财经院校资本论研究会会长，学术团体"新知研究院"院长。

前　言

孔子曰："不学礼，无以立。"礼仪是做人的道理，其关键是表达我们对他人的尊重和关爱。在社会交往中，人们越来越关注学礼、知礼、用礼的能力和自我修养的完善。随着礼仪知识的普及，其在院校、社会的运用也更加广泛，人们普遍认识到人的礼仪能力与学识、智慧是同样至关重要的。

本书共8章内容，力求突破已有相关教材的知识框架，注重理论与实践相结合，采用全新体例编写，每个章节以礼仪理论知识指导为主，辅助大量实用性、多元化的操作内容拓展视野，以图文并茂的方式展现了社交礼仪的运用。每节的案例分析精准到位，提携了相关的知识点，每个章节后都配备有本章小结、复习思考题，可以有效帮助相关人员更好地学习社交礼仪课程。

本书章节完备，内容可按照30～45学时安排，推荐学时分配：第1章2～3学时，第2章4～7学时，第3章5～7学时，第4章4～6学时，第5章4～6学时，第6章4～6学时，第7章4～6学时，第8章3～4学时。

本书以社交礼仪知识指导和操作技巧为主线，涵盖了社交场合的主要礼仪内容，丰富多样，案例详实，可读性强。教师可根据不同的使用专业灵活安排学时，课堂重点讲解主要知识点，案例分析和习题等可安排学生课后阅读和讨论练习。

本书由浙江八所院校和西安两所院校的教师团队、两家企业人士与三位学生共同合作完成。团队成员明确了每章1～2人主写，交叉审核——整理编辑——汇总思路——交换再审的创新合作方式，每一章前后经过四轮修改完善定稿交付。教师团队老中青结合，取长补短，抱着以文会友、交流提高的理念，共同期待着呈现出更好的精品教材。

本书编写团队核心人员分别是，来自浙江水利水电学院的李霞和吴青兰，浙江横店影视职业学院赵乐园，西安科技大学荆秀芳，杭州万向职业学院张莹，浙江圣奥家具制造公司刘杨飘，西南林业大学杜倩颖、杭州师范大学张玲蓉。进行审核的团队教师是来自浙江义乌工商职业学院的钱志芳，西安银行学校李雅乐，杭州滨江高教园区英语培训机构的马丽，浙江交通职业技术学院朱春燕，浙江妇女干校彭翎，浙江理工大学盛赟。

本书的每个章节以理论够用为度，大量可操作性的图片简洁表达出特色，盼望更多喜欢礼仪的学生与职场人士，能够尽早地与这本美文美图的社交礼仪书结为良师益友，并及时分享给更多的同事以及广大爱好者。

感谢浙江大学礼仪教学专家、著名形象管理师裴少桦女士审核并为全书筹划部分图片；感谢杜倩颖和吕卓祎、陈洁（浙江水利水电学院）三位大学生的辛苦付出。在此，我们对所有相助者深表谢意，盼望与更多同行交流，使其日趋完善。

感谢各位友人雅正赐教，请把您宝贵的经验与建议发至邮箱：897339815@qq.com。祝美好。

李 霞

2013年4月20号 于杭州

目 录

第1章 社交礼仪概述 ……………… 1
  1.1 礼仪的理念 …………………… 2
    1.1.1 礼仪知识点拨 ………… 2
    1.1.2 礼仪知识的操作技巧 …… 5
  1.2 社交礼仪的原则 ……………… 6
    1.2.1 社交礼仪知识点拨 …… 6
    1.2.2 社交礼仪操作技巧 …… 9
  本章小结 …………………………… 10
  复习思考题 ………………………… 10

第2章 个人礼仪 …………………… 11
  2.1 仪容礼仪 ……………………… 12
    2.1.1 仪容知识点拨 ………… 12
    2.1.2 仪容礼仪操作技巧 …… 16
  2.2 仪态礼仪 ……………………… 18
    2.2.1 仪态知识点拨 ………… 18
    2.2.2 仪态礼仪操作技巧 …… 24
  2.3 着装礼仪 ……………………… 30
    2.3.1 服饰知识点拨 ………… 30
    2.3.2 着装礼仪操作技巧 …… 42
  2.4 表情礼仪 ……………………… 48
    2.4.1 表情礼仪知识点拨 …… 48
    2.4.2 表情礼仪操作技巧 …… 53
  2.5 言谈礼仪 ……………………… 55
    2.5.1 言谈礼仪知识点拨 …… 55
    2.5.2 言谈礼仪操作技巧 …… 61
  本章小结 …………………………… 64
  复习思考题 ………………………… 64

第3章 基本社交礼仪 ……………… 65
  3.1 见面礼仪 ……………………… 66
    3.1.1 见面礼仪知识点拨 …… 66
    3.1.2 见面礼仪操作技巧 …… 70
  3.2 介绍礼仪 ……………………… 71
    3.2.1 介绍礼仪知识点拨 …… 71
    3.2.2 介绍礼仪操作技巧 …… 74
  3.3 名片礼仪 ……………………… 76
    3.3.1 名片礼仪知识点拨 …… 76
    3.3.2 名片礼仪操作技巧 …… 79
  3.4 握手礼仪 ……………………… 80
    3.4.1 握手礼仪知识点拨 …… 80
    3.4.2 握手礼仪技巧 ………… 83
  3.5 拜访和探望礼仪 ……………… 84
    3.5.1 拜访礼仪知识点拨 …… 84
    3.5.2 拜访礼仪技巧 ………… 88
  本章小结 …………………………… 89
  复习思考题 ………………………… 89

第4章 通信与出行礼仪 …………… 90
  4.1 通信礼仪 ……………………… 91
    4.1.1 通信知识点拨 ………… 91
    4.1.2 通信礼仪操作技巧 …… 94
  4.2 出行礼仪 ……………………… 97
    4.2.1 出行礼仪知识点拨 …… 97
    4.2.2 出行礼仪操作技巧 …… 102
  4.3 宾馆礼仪 ……………………… 103
    4.3.1 宾馆礼仪知识点拨 …… 103
    4.3.2 宾馆礼仪操作技巧 …… 106
  4.4 出国礼仪 ……………………… 108
    4.4.1 出国礼仪知识点拨 …… 108
    4.4.2 出国礼仪操作技巧 …… 111
  本章小结 …………………………… 113
  复习思考题 ………………………… 113

第5章 公共场合礼仪 ……………… 114
  5.1 图书馆礼仪 …………………… 115
    5.1.1 图书馆礼仪知识点拨 … 115
    5.1.2 图书馆礼仪操作技巧 … 116
  5.2 医院礼仪 ……………………… 119
    5.2.1 医院礼仪知识点拨 …… 119
    5.2.2 医院礼仪操作技巧 …… 121
  5.3 公园礼仪 ……………………… 121
    5.3.1 公园礼仪知识点拨 …… 121
    5.3.2 公园礼仪操作技巧 …… 123
  5.4 体育运动礼仪 ………………… 124
    5.4.1 体育运动知识点拨 …… 124
    5.4.2 运动会礼仪操作技巧 … 125

本章小结 ………………………………… 128
复习思考题 ……………………………… 128

第6章　休闲聚会礼仪 ………………… 129

6.1　影院、歌厅礼仪 ………………… 130
6.1.1　影院、歌厅知识点拨 ……… 130
6.1.2　影院、歌厅礼仪操作
技巧 …………………………… 132
6.2　聚会与舞会礼仪 ………………… 134
6.2.1　聚会礼仪知识点拨 ………… 134
6.2.2　舞会知识点拨 ……………… 136
6.2.3　聚会与舞会礼仪操作
技巧 …………………………… 139
6.3　音乐会礼仪 ……………………… 141
6.3.1　音乐会知识点拨 …………… 141
6.3.2　音乐会礼仪操作技巧 ……… 144
本章小结 ………………………………… 145
复习思考题 ……………………………… 145

第7章　餐饮礼仪 ………………………… 146

7.1　中餐礼仪 ………………………… 147
7.1.1　中餐礼仪知识点拨 ………… 147
7.1.2　中餐礼仪操作技巧 ………… 152
7.2　西餐礼仪 ………………………… 153
7.2.1　西餐礼仪知识点拨 ………… 153
7.2.2　西餐礼仪操作技巧 ………… 156
7.3　饮品礼仪 ………………………… 159
7.3.1　饮品礼仪知识点拨 ………… 159
7.3.2　饮品礼仪操作技巧 ………… 164
本章小结 ………………………………… 165
复习思考题 ……………………………… 165

第8章　社会应酬礼仪 …………………… 166

8.1　开业典礼 ………………………… 167
8.1.1　开业典礼知识点拨 ………… 167
8.1.2　开业典礼操作技巧 ………… 169
8.2　剪彩礼仪 ………………………… 171
8.2.1　剪彩礼仪知识点拨 ………… 171
8.2.2　剪彩礼仪操作技巧 ………… 173
8.3　会议礼仪 ………………………… 174
8.3.1　会议知识点拨 ……………… 174
8.3.2　会见与会谈礼仪的基本
要求 …………………………… 178
8.3.3　展览会礼仪的基本要求 …… 180
8.3.4　赞助会礼仪的基本要求 …… 181
8.3.5　新闻发布会礼仪的基本
要求 …………………………… 182
8.3.6　会议礼仪操作技巧 ………… 183
本章小结 ………………………………… 185
复习思考题 ……………………………… 185

附录 ………………………………………… 186

附录一　礼仪常识与能力测试题 ………… 186
附录二　职业人士仪容仪表形象
自测题 …………………………… 188
附录三　职业礼仪的十大检查表 ………… 189

第1章

社交礼仪概述

SHEJIAO LIYI GAISHU

【学习目标】

(1) 了解礼仪的内容。
(2) 掌握基本的礼仪理念与特征。
(3) 了解社交礼仪的原则与作用。

1.1 礼仪的理念

1.1.1 礼仪知识点拨

1. 礼仪的来源与理解

1)礼仪的来源

子曰:"不学礼,无以立。"在中国,礼仪最早是用来敬奉神明的,主要在祭祀祖先和天神的时候使用。礼仪起源于原始社会的尊神活动,礼的繁体字如图1.1所示,其左边代表神,右边代表的是向神进贡的祭祀之物。祭祀所滋生的情愫,一是敬畏,二是规矩、规范。中国古代的祭天、祭神、祭祖、祭贤等礼节,逐步演化为礼仪的一部分。所以,礼仪是一项祭神拜祖的仪式,礼出于俗,俗化为礼。《礼记·仲尼燕居》说:"制度在礼。"这个制度的核心,就是"尊尊、亲亲、贤贤、男女有别",它体现的血缘传承、人际关系、仁者情怀等,在长期的历史过程中形成了其特有的一套规则,这就是"礼"。而"仪"则是指一种外在的仪式、仪表、准则或规范。

图1.1 礼的繁体字

我国号称"礼经三百,威仪三千",所以又称"礼仪之邦"。几千年延续下来的风俗习惯,大都以"礼"为核心,古代的国家政治、军事、人际交往、生活习俗都与礼仪息息相关。《周礼》是我国流传至今的第一部礼仪专著,与孔子编订的《仪礼》和后来的《礼记》统称"三礼","礼乐之治"成为当时西周社会的最高境界。按照《说文解字》解释:"礼,履也,所以事神、致福也。"后来引申使用,"礼仪"就成为"规定社会行为的法则、规范、仪式的总称"(《辞源》)。

英文中"礼仪"一词,据说是源于法语"etigutte",其原意为"通行证",引申为规矩、规则。英语中礼仪"etiquette"不妨将之理解为,只有具备了礼仪规则,才可通行无阻。欧洲的礼仪教育一直是学校教育和社会教育的重要内容,上至统治者下至普通百姓都注重自己的言行举止,讲求礼节礼貌,形成了现代意义上的人文礼仪和社交礼仪。

每一个时代、每一个国家的仪式和礼节都会有所变化。但是,礼仪所蕴含的基本精神,即相互尊重、信任、依赖和友善,却是一致的。把人们内心待人接物的尊敬之情,通过美好的仪表、仪式表达出来,就是礼仪。可见,礼仪就是指人们在各种社会交往中,用以美化自身、敬重他人的约定俗成的行为规范和程序。一个文明国家的重要象征之一就是礼仪成为日常生活的习惯。

2）理解礼仪

礼仪是各民族在长期的社会生活和交往中，人们以一定的约定俗成并共同遵守的程序、方式来表现的律己、敬人的具体行为规范体系。

从修养的角度来看，礼仪是一个人的内在修养和素质的外在表现。

从道德的角度来看，礼仪是为人处世的行为规范或标准做法。

从交际的角度来看，礼仪是人际交往的一种方式。

从民俗的角度来看，礼仪是在人际交往中必须遵守的律己敬人的习惯形式。

从传播的角度来看，礼仪是一种人们相互沟通的技巧。

从审美的角度来看，礼仪是一种形式美。它是人心灵美的必然外化。

从团体的角度来看，礼仪是企业文化、企业精神的重要内容，是企业形象的主要附着点。

礼仪既是人际交往的艺术，也是人际沟通的技巧。礼仪强调的是严以律己、宽以待人，注重与人合作，成为受欢迎的人。礼仪的核心是给人舒适、尊重，让他人感到被尊重，显示了彼此的友善和尊严，因此礼仪定位以尊重为本，体现了人的友好、真诚、善良。

2. 礼仪的内容

礼仪是礼节和仪式的总称，具体表现为礼貌、礼节、仪表、仪式等。

礼貌是指人们在语言、行为乃至仪表等方面对他人表示敬重和友好的行为规范，是待人接物时的外在表现，它通过言谈、表情、仪态等形式来表示对他人的敬重。礼貌包括礼貌行为和礼貌语言两个部分。礼貌是外在的表现，恭敬是内在的根本，对人恭敬才能庄严自己。

礼节是指人们在社会交往过程中表示尊敬、问候、致意、祝愿等惯用的形式，是待人接物的行为规则，是礼貌的具体表现形式。

仪表是指人的容貌、姿态、风度、服饰等方面的综合体现，是礼仪的重要组成部分。

仪式是指礼仪展现的程度和形式。仪式的表现方式为一种礼节，即为表示敬意而在一定场合举行的、具有专门程序的规范化活动，如拜访、接待、宴请、开工典礼、展览等。

礼仪、礼貌、礼节三者之间，礼貌是道理，礼节是形式，礼仪是体系；道理是内驱力，形式是外包装，体系是综合表现。

礼仪的难点是人们既要了解别人，更要使自己被对方所了解和接受。学会与人合作，成为受欢迎的人是人们一生需要学习的。荀子说过，"人无礼则不生，事无礼则不成，国无礼则不宁"。英国哲学家约翰·洛克认为，美德是精神上的一种宝藏，但是使美德产生出光彩的则是良好的礼仪。俄国大文豪车尔尼雪夫斯基说，"要想成为一个有修养的人，必须具备三个品行，即渊博的知识、思维的习性和高尚的礼节"。

"凡人之所以贵于禽兽者，以有礼也"。（晏子春秋）讲礼仪关注的是小节之处显精华，举止言谈见文化。礼仪的关键不是如何体现出自己的高雅，而是找到最好的方式表达对他人的尊重、赞赏和关心，以营造更加和谐的人际关系。

3. 礼仪的特征

"礼者，敬人也"，礼仪是人们在社会交往中普遍遵循的文明行为准则或规范的总和。是人们在长期相互交往过程中逐渐形成的，以风俗、习惯等形式固定下来，表达彼此友好、尊重的礼节和仪式。《礼记·曲礼》指出，礼仪是人区别于动物的根本标志。"鹦鹉能言，不离飞鸟；猩猩能言，不离禽兽。今人而无礼，虽能言，不亦禽兽之心乎？"人类如果没有礼仪，虽然能够说话，不也是同禽兽一样吗？人以礼仪道德使自己区别于禽兽，礼仪具有使人成为人，并使人高出于动物之上的本质特征。

礼仪作为一种文化现象和社会交往的规范，具有以下特征。

1）规范性

礼仪是一种行为规范，既有内在的道德准则，又有外在的行为尺度，礼仪涉及社会方方面面的内容，对人们的言行举止和社会交往具有普遍的约束作用。不同的人群在生活、学习和工作的领域里，都有大家共同约定成俗的言语和行为，对人尊重有礼貌，是任何人都能理解和看懂的友好行为表现。遵循礼仪规范，就会得到社会认可和嘉许；反之，违反礼仪规范，就会到处碰壁，并招致反感、受到批评。正所谓有"礼"走遍天下，无"礼"寸步难行。

2）继承性

礼仪是一个国家、民族传统文化的重要组成部分。每一个民族的礼仪文化，都是在本民族固有礼仪文化的基础上，通过不断吸收其他民族的礼仪文化而不断发展起来的。我国的现代礼仪就是在中华传统礼仪文化的基础上，广泛吸收东西方礼仪文化之长而形成和发展起来的，并依旧保持和延续着中国特色。

3）差异性

礼仪规范约定俗成，不同国家、不同地区，由于民族特点、文化传统、宗教信仰、生活习惯不同，往往有着不同的礼仪规范，"十里不同风，百里不同俗。"这就需要增加了解、尊重差异，不可唯我独尊、我行我素。

礼仪作为一种行为准则和规范是约定俗成的。但在具体运用时，由于文化传统、风俗习惯与宗教信仰的不同以及时间、空间或对象的差别，存在着很大的差异。这主要表现在三个方面：①同一种礼仪内容由于时间、空间的差别，有着不同的表现形式；②同一种礼仪形式，在不同的国家、地区或民族间有着不同的意义；③同一种礼节，在不同场合、对不同对象也有细微的差别。

4）操作性

礼仪规范以人为本、重在实践、人人可学、习之易行、行之有效。待人之敬意，应当怎样表现，不应当怎样表现，礼仪都有切实可行、行之有效的具体操作方法。礼仪的操作性说明礼仪的行为是互动的，一方施礼另一方做出相应的反应，表现了双方的相互尊重，是有礼貌的，否则即被视为失礼。正所谓"礼尚往来：往而不来，非礼也；来而不往，亦非礼也"。

5）发展性

礼仪具有世代相传、共同实践的特点。礼仪并非一成不变，而是随着时代发展变化而吐故纳新，随着内外交往日益频繁而互相借鉴吸收。礼仪的发展变化过程，是继承与创新相统一、差异与交融相伴生的过程。

礼仪作为一种行为规范，是随着社会时代的发展而发展，历史的进步而进步的。它不仅是特定时代人际关系的润滑剂，而且在内容和形式上也都在与时俱进，具有明显的社会文化和经济发展的烙印。随着国家之间交往的扩大，与国际接轨越来越明显，国与国之间相互借鉴、相互交流的内容日益增加，礼仪的发展性也常被称之为时代性。

4. 礼仪的运用原则

我国南宋著名的理学家、哲学家朱熹认为，成大事之人第一品行是"循礼而行"。国外的共识是没有良好的礼仪，其余的一切成就会被人看成骄傲、自负、无用和愚蠢。英国哲学家约翰·洛克说："礼仪是儿童与青年所应该特别小心养成习惯的第一件大事。"礼仪与人的学识智慧一样重要，是一种能力。

礼仪在实践运用中，对长辈有礼是本分，对平辈有礼是和善，对晚辈有礼是高贵，对所有人有礼是安全。礼仪的运用原则体现在以下几个方面。

律己，即礼仪首先讲究自我约束、自我控制、自我检点。

敬人，即礼仪的重点是要常存敬人之心，处处不可失敬于人，不可伤害他人的尊严。

宽容，强调人们在运用礼仪时，既要严于律己，更要宽以待人。

平等，其是指礼仪的核心表现为对任何交往对象都要一视同仁，并给予同等程度的礼遇。

真诚，其是指礼仪的运用讲究诚实无欺、言行一致、表里如一。

适度，其是要求应用礼仪时要注意把握分寸等技巧及其规范。

从俗，即入乡随俗，与绝大多数人的习惯做法保持一致。

孔子说："质胜文则野，文胜质则史。文质彬彬，然后君子。"意思是说，一个人具有良好的品德，但不讲究举止、礼节，就显得粗野；只讲究举止、礼节，而没有良好的品德，又显得虚伪。只有既注重学识品德的修养，又讲究仪表礼节、举止文雅的人，才是值得尊敬的君子。

礼仪的作用表现在：首先，礼仪是人与人之间的润滑剂，有助于塑造良好的公众形象；其次，礼仪是衡量个人文明程度的准绳，有助于培养人们良好的道德品质，提高修养，规范行为，净化社会风气；同时，礼仪是国家富强、社会文明的标志，有助于对外开放，加强国际交往。

1.1.2 礼仪知识的操作技巧

1. 操作技巧一：礼仪的理念，尊重为本

礼仪理念以尊重为本，讲究善于表达，与对方保持良性沟通与互动，形式规范。礼仪的核心是尊重，尊重对方的三大原则是美国学者布吉尼教授提出来的3A原则。3A是由Accept(接受)、Appreciate(欣赏)、Admire(赞美)三个单词的第一个字母组成的，3A原则强调了对交往对象尊重的三大途径，即第一接受对方，第二重视对方、欣赏对方，第三赞美对方。

美国著名的行为科学家、著名的学者乔治·梅奥先生说过，"尊重别人就是尊重自己，发现别人的优点，实际上就等于肯定自我，那说明你宽容，说明你谦虚，说明你好学"。尊重就是关注对方、理解对方、认可对方。

尊重能对人表现出友好、真诚、平等、善良，给予人理解、尊重、平等、热情，对事表现的专业、自信、乐观、积极。

尊重学生是一种常识，尊重同事是一种天职，尊重下属是一种美德，尊重上级是一种本分，尊重同行是一种风度，尊重所有人是一种教养。

尊重的五个层次：尊重自己、尊重他人、尊重单位、尊重职业、尊重公众利益。

2. 操作技巧二：礼仪是一种能力

知识和能力的获得不同，从知识的获得到应用为能力，是需要一个过程的。理论上，这个过程为二十一天，养成、固化一个习惯需要二十一天以上。根据每个人的不同情况，时间长短有所不同，有意识地训练和强化会使之成为稳定的习惯。

从一个习惯改变为另一个习惯，这其中会经过三个环节。首先强迫、刻意，会感觉别扭规矩多又不自然，这是因为很多人不知道何为正确的行为举止，积习难改；其次到半刻意状态，演练及后期跟进使学习到的知识逐渐转化为自己的能力，这时需要自我或他人的不断提醒，来保证其行为；最后动作很自然，完全融入自己的言行举止中。从第一到第三环节，内因是自己强大的自制力，外因便是制定相应的制度和考核来保证效果的达成。

礼仪其实是一种经过不断自我提醒、他人提醒之后的能力。这种能力，可以从小到大沁染于家庭环境而自然形成，也有可能是后天通过学习和练习而得到的。礼仪这种能力一旦形成，便会自内而外影响自己和他人的生活与工作，而且是好的影响。

【案例分析】

兰妹通过中介公司找到一份在外国专家家里做保姆的工作。兰妹热情活泼，精明能干，第一天就给对方留下了不错的印象。她的主要工作之一是打扫房间，包括布朗夫人的卧室。细心的布朗夫人特意给兰妹定制了一份时间表，上面规定每天上午8：00清理卧室，让兰妹按照上面的计划严格执行。

开始几天，兰妹都干得相当好，很令布朗夫人满意。有一天，兰妹照例去清理布朗夫人的卧室，却发现布朗夫人并没有像往常一样不在家，仍在休息。兰妹心想，我还是得按照计划办事，而且我打扫并不会影响她休息。热情的兰妹认真地干起活儿来。这时，布朗夫人突然醒了发现兰妹在她房间里，很惊讶，马上用不是很流利的汉语叫起来："你来干什么？请出去！"兰妹仍是一片好心，"您接着休息吧，我一会就打扫完了。"布朗夫人提高了嗓门，一字一顿地说："请—你—出—去！"并且用手指着门。兰妹不明白自己哪里惹了布朗夫人，怎么这种态度。她心想，不是你叫我按时打扫的吗？满肚子委屈地走了。

请结合礼仪原则分析兰妹的问题在哪里。

 1.2 社交礼仪的原则

1.2.1 社交礼仪知识点拨

1. 社交礼仪的内容

在社交场合，礼仪告诉人们的是关于做人的道理，而非做事的流程。礼仪不仅仅是行为模式，更重要的是与人为善、待人以诚的核心本质，"礼者，理也，礼者，事之治也。"说明礼是做事的根本方法。

社交礼仪的内容在《论语》中有生动的描述，《论语》泰伯第八中曾子曰："君子所贵乎道者三：动容貌（仪容仪表），斯远暴慢矣；正颜色（表情）斯近信矣；出辞气（语言表达），斯远鄙倍矣。"

具体地说，人们在社交场合中需要进行以下六个方面的修炼。

1）心理健康，即塑造心灵美

保持健康心理是指在社交中要保持心态平和，常怀感恩之心。与人交往不计较得失，学会感恩，才会享受快乐。有人说，一个人工作的快乐与他容纳别人的能力是成正比的，处理好人际关系就是善待自己。

2）举止文雅

举止包括站、走、坐、手势等，如握手、换名片、拥抱、鞠躬等，有修养的人在公共场合的举止大方自然，呈现的是安静，尊重他人的状态，而不是举止失态，大声喧哗。

3）仪容自然

在社交场合应该适当修饰，仪容化妆是礼貌，是自信和关注自身形象的表现，化妆能优化人的形象与气质。如社交中适当关注发式与脸型、体型等的协调匹配，这些外在的表现体现了个人内在素质，是人际间成功交往、接纳对方的关键。

好的仪表是一种习惯，一种贯穿在点滴行为中的修养。林肯说，一个人过了40岁就应该对自己的脸孔负责。在搜狐"相貌与职场"的调查中，67.4％的人认可相貌就是竞争力。

4）语言谈吐

即在社交场合说话要言之有礼。鲁迅说语言有三美：意美的感心、音美的感官、形美的感目。用语言表达对对方的尊重，态度是最重要的。卡耐基说："你如果先承认自己也许弄错了，别人才可能和你一样宽宏大度，认为他也有错。"

语言的魅力还包括说话要言之有趣。幽默在社交中很招人喜欢，是一个人睿智与语言修炼出的魅力表现。幽默不是要嘴皮子，而是个人豁达的胸怀、包容他人的能力、丰富的知识和表达技巧的综合，是需要用心培养，后天努力练习可以实现的。

5）仪表服饰

社交中，人的第一印象有67％与服饰、色彩有关。端庄的仪表和整洁的服饰在社交中就是最好的介绍信。

莎士比亚说，服饰往往可以表现人格，服饰形象是男士能力的最好广告。巴尔扎克认为，衣着是一种语言，一种品位。我国俗语常道，"远重衣冠近重才，人配衣服马配鞍"。目前，企业选择人、用人也是30％看形象，30％看人品，30％看经验。在这个以貌取人的社会，用服饰表达品位是人际交往的需要。

6）面部表情

面部表情包括人的眼神、微笑等，社交中展现温和的眼神、自然的笑容，容易获得好感，并奠定双方交往的基础。目光体现性格，微笑反映修养。雨果说，笑就是阳光，它能够消除人们脸上的冬色。微笑是礼貌，是个人涵养的表现。社交中眼神的友善和甜美的微笑应该是发自内心的真诚，体现出对他人的欣赏与尊重，也是自我内在良好素质的外在表现。

关于微笑的经典话语，以下几句在社交场合很有帮助：被人误解的时候，能够微微一笑，这是素养；受到委屈的时候，能够坦然一笑，这是大度；痛苦无奈的时候，能够达观一笑，这是境界；被人轻蔑的时候，能够平静一笑，这是自信；吃亏损失的时候，能够开心一笑，这是豁达；危难来临的时候，能够泰然一笑，这是大气。

2. 社交礼仪的原则

荀子指出，"人无礼则不生，事无礼则不成，国无礼而不宁。"（《修身篇》）人们从出生、成人、结婚到死亡，都要举行一些特殊的仪式作为纪念，在节日、出访、邀请、会客、宴会、告别等每一项活动中，也都有特殊的礼节要求。从理论上说，礼仪文明起源于人类文明，可以说，从人类开始交往那天起就产生了礼仪。那么，社交礼仪需要遵循哪些原则呢？一般认为包括以下几个方面。

1）真诚与平等的原则

真诚，即真心诚意的友善表现，真诚就是讲信用，现代社会信用是任何组织和个人发展的必要条件，它关系到组织和个人形象，影响到市场竞争力或个人的亲和力。"言必信，行必果"，真诚还表现在交往中要遵纪守法。

平等包括人格的平等和礼数的大体相当。平等是真诚的派生，即精神上真诚了，行为上才能体现出平等。

真诚与平等是社交礼仪中的首要原则，其并不是要求在社交场合，人们的交往不顾一切地袒露胸襟，而是要看场景表现出彬彬有礼而恰到好处。特别是在二十一世纪的今天，随着人际交往的地区和国家的多元化，维护好国家形象、单位形象、自我形象，更应该在真诚与平等的基础上，礼尚往来、注重平衡。

2）规范适度的原则

规范适度的原则是指在社交场合，礼仪要合乎文明交往的需要，合乎规范、切合场景、表现适度。

规范表现在社交活动中，礼仪行为符合国际惯例（国外交往）和社会规则（国内交往）。同时，礼仪规范还要求礼仪行为与不同的外部环境相配合。例如，交往中，要为各方内部情况保密、公平竞争等。适度是指恰到好处、恰如其分。例如，社交中的接待工作，主方身份可略高于客方，以示对来访的重视和诚意。同时，适度社交还要把握好感情尺度，做到"上交不谄，下交不渎"。（孔子语）

规范适度的原则总要求是，彬彬有礼而不低三下四、热情大方而不轻浮谄媚、自尊而不自负、谦虚而不拘谨、老成而不世故、坦诚而不鲁莽。这些适度分寸的把握有利于社交活动更好地开展。

3）宽容尚美的原则

在社交活动中，宽容是对不同于自己的见解有耐心容忍，学会求同存异，这是一种高尚的情操。宽容要把握好"度"的问题，倘若对方有过错，也不要一棍子打死，而应予以一定的期待和信任，鼓励对方重新开始。社交中，应该善解人意、多为对方着想、多体谅他人。

礼仪本身就是一种"美"。无论是它的外在表现还是本质内涵，都是为了追求美、传播美。例如，生机勃勃的精神面貌表现出形象美和风度美，让人感到一种自信与气度胸襟；得体的服饰传达出优雅的亲和力；稳重大方的举止显示了涵养和人格。

3. 社交礼仪的作用

（1）社交礼仪有助个人塑造良好形象。形象是双方在对方心目中形成的综合化、系统化的印象。一个人的音容笑貌、言行举止、着装打扮以至气质修养，都是形象的构成要素，对此绝不能掉以轻心。讲究礼仪有助于塑造良好的社交形象。

从个人角度讲，讲礼仪是个人社交的身份牌。首先，在社交中，讲礼仪显示了自身修养，使人们在交往中得到愉快的尊重，衬托出自我形象的完美；其次，社交中多用礼仪知识，能增强个人魅力，促进人们的社会交往，改善人际关系。礼仪是人与人之间的润滑剂，有礼走遍天下，每个人都应递给社会一张彬彬有礼的名片。

从组织角度讲，形象是公众对某一组织的总体评价，它包括产品质量、服务、员工的精神风貌、态度、业务水平、装束仪表，厂容厂貌等。社交中，往往通过个人整洁大方的仪表、得体的言谈、高雅的举止、良好的气质风度形象来维护组织（企业）形象。

（2）社交礼仪是人们相互交往的行为准则。人之所以成为人，正是由于其具有社会性。人作为社会的一员，总要介入各种各样的"社会关系"，离不开与他人的交往。人们的社会生活是多方面的，涉及的社会关系包括阶级关系、党派关系、民族关系以及家庭、亲属、师生、朋友关系等。这些关系涉及经济、政治、思想、文化、法律、宗教等各种领域。无论何种社会关系，都必须通过交往才能表现出来。要想使人们的交往得以顺利进行，必须时时处处讲礼仪。如平时的走亲访友、接打电话、参加宴会或舞会，从主持会议、接待来访，到参加商务谈判或外事活动等，都要遵守一定的礼仪规范。只有讲究礼仪，在社会交往中对人以礼相待，才能赢得对方的好感与信任，从而使彼此的交往产生良好的效果。

（3）社交礼仪能够沟通、协调人际关系。几乎每个人都有人际交往的需要，都身处不同人际关系网络之中，礼仪对于协调人际关系、沟通人与人之间彼此的情感非常重要。人们的衣食住行所需满足后，更多的是讲求沟通、理解、和睦、合作，这是人精神生活的重要部分。西方一位礼仪专家曾说："礼仪看上去有无数的清规戒律，但其根本目的却在于让世界成为充满生活乐趣的地方，使人们变得和蔼可亲。"总之，礼仪可看作是人际交往的润滑剂和生活艺术。社交中，以礼相待，以诚相见，以互利为前提，以双赢为目的；广交朋友，协调好各种人际关系，促进人们之间的情感交流，起到润滑剂的效果。

社交中，只有保持优雅的举止风范才能不失足于人，只有用关爱的眼神和真诚的微笑才能不失色于人，只有学会口绽莲花、赞美激励才能不失口于人，这样才真正不失礼于人。

1.2.2　社交礼仪操作技巧

1. 操作技巧一：社交礼仪中的白金法则

1987年，美国学者亚历山大德拉博士和奥康纳博士发表论文阐述白金法则：在人际交往中，要取得成功，就一定要做到交往对象需要什么，就要在合法的条件下满足对方什么。白金法则有两个要点：①现代交往行为要合法，②交往要以对方为中心，这是现代人应具备的社交意识。

运用人际交往中的白金法则涉及两个问题：有效沟通和良性互动。在人际交往中，要处理好的人际关系，有两个要点：①互动，互动强调换位思考最重要；②有效沟通，沟通是有规则的，讲究看对象讲规矩，其次在沟通中要了解人、尊重人，了解人是尊重人的前提。在人际交往中运用白金法则，端正态度最重要，要善于进行心态平衡，相互不失敬，尊重对方，善待他人。

2. 操作技巧二：社交中把握好热情待人的尺度

在社交场合，尤其是在对外交往中，应把握"热情有度"的原则。待人热情友好是应该的,但更应把握"度",即分寸的问题。这个"度"就是一切都以不影响对方、不妨碍对方、不给对方增添麻烦、不令对方感到不快、不干涉对方私生活为限。

把握"热情有度"的原则,可以具体掌握以下四个方面的"度"。

(1) 做到"关心有度"。社交中不要过分关心对方,容易让对方尴尬。如不要对外国人随意运用我国人早已习惯的关心、规劝,以免被认为是侵犯个人自由。

(2) 做到"批评有度"。社交中对方有问题,说出来,点到为止,不要随意过分指责对方。只要对方没有触犯法律、侮辱人格、国格,对其言行没有必要批评不断、横加干预。

(3) 做到"距离有度"。社交中尊重对方的私人空间,不使其产生被"侵犯"之感,但又不至于太冷淡,并讲究适当的距离。

(4) 做到"举止有度"。社交中应避免动作过于亲密随意,以免有伤大雅和引起误会。

【案例分析】

1917年1月4日,一辆四轮马车进入北京大学校门,徐徐穿过校园内的马路。这时,早有两排工友恭恭敬敬地站在两侧,向蔡元培这位刚上任的北大校长鞠躬致敬。只见校长缓缓走下车来,摘下自己的礼帽,向他们鞠躬回礼。在场的人都惊呆了,这在北京大学是从未有过的事情。

在等级森严的北大,校长享受内阁大臣待遇,从未把这些工友放在眼里。像蔡元培这样地位显赫的人物向身份卑微的工友行礼,在当时的北大乃至中国都是罕见的。这不是件小事,北大由此开始,竖起了一面如何做人的旗帜。

请结合礼仪的理念分析,并说明你的体会,可以举例。

本章小结

本章讲述了礼仪的内涵和理念,分析了礼仪的实质和特征,论述了礼仪的原则;介绍了社交礼仪的主要内容,社交礼仪的原则与作用,并在操作技巧方面对礼仪和社交中的相关问题进行了细致的探讨。

复习思考题

1. 简述礼仪的内容与特征。
2. 英国哲学家约翰·洛克说:"礼仪是儿童与青年所应该特别小心养成习惯的第一件大事。"谈谈你对此话的理解。
3. 简述社交礼仪的原则与作用。

第 2 章

个人礼仪

GEREN LIYI

【学习目标】

(1) 了解个人仪容、仪表礼仪的内容。
(2) 掌握基本的化妆技巧、服饰穿戴运用。
(3) 了解仪表、仪态的类型与场合,掌握基本操作。
(4) 了解个人表情与言谈礼仪的内容、类型,掌握操作技巧。
(5) 掌握社交中的表情语言和语言的魅力。

2.1 仪容礼仪

2.1.1 仪容知识点拨

1. 仪容的基本要求

仪容礼仪，即容貌（相貌、长相），包括发式、面容、颈部、手部及总体的精神面貌、仪表风度。俄罗斯伟大的作家契诃夫有过一句名言：人的一切都应该是美的，美的仪表、美的服装、美的心灵。深层次的仪容美是一个人纯朴高尚的内心世界和蓬勃向上生命活力的外在表现。塑造优雅知性的仪容美不仅给人以视觉上的享受，而且给人以人格上的尊重。

1）自然

自然是美化仪容的最高境界，它使人看起来真实而生动，不呆板生硬。

化妆的最高境界是无妆，是自然。因此美好的仪容，要依赖正确的技巧，合适的化妆品。化妆讲究浓淡相宜，体现层次。这样才能使人感到自然、真实。

2）协调

仪容的协调包括：①妆面协调，指化妆对脸部的整体协调；②全身协调，指脸部化妆、发型与服饰协调；③角色协调，如职业人员应注意化妆后体现端庄稳重的气质；④场合协调，指化妆、发型与场合气氛要求一致。

3）美观

美丽、端庄的外观仪容是形成优美良好社交形象的基本要素之一。

4）身心健康

健康强调在完善自身仪容时注重健康、内外兼修，从而真正做到表里如一、秀外慧中。

2. 仪容修饰

仪容的修饰主要是面部和发型的修饰。修饰仪容的基本原则是美观、整洁、卫生、得体。本节主要内容是面部的修饰、修饰要点、妆容与发型。

1）面部修饰

修饰面部，首先要及时清洁面容，保持面部干净、无汗渍等，具体包括以下几个方面。

（1）洗脸。清洁面部最简单的方式是洗脸。洗脸需要了解皮肤类型是油性皮肤、干性皮肤还是混合型皮肤，然后选择与皮肤匹配的洗面产品。

（2）清洁眼部。眼睛，是人际交往中被关注最多的地方，因此对它的修饰是面部的首要之处。首先是眼睛保洁，即要及时清除眼部分泌物或沾染的其他不洁之物。其次是修眉，眉毛的形状不雅观，可进行必要的修饰。修眉通常需要结合不同的脸型修出相匹配的形状，女士有7~8种眉形匹配，男士主要有剑眉和大刀眉。女士修眉要清除杂眉和适当的描画眉形，如图2.1所示。最后，注意保持眼镜端正、洁净明亮。

（3）清洁鼻腔。鼻子处于五官中心部位，是面部最突出的部分。要随时保持鼻腔的清洁，此外，要用小剪刀经常修剪一下长到鼻孔外的鼻毛。男士注意定期修剪胡须，如图2.2所示。

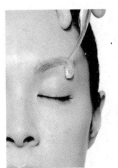 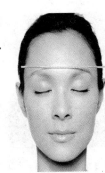 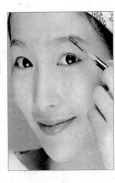 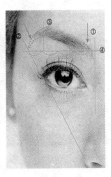

图 2.1　女士修眉

图 2.2　男士清洁鼻腔和胡须

（4）清洁嘴巴。社交场合应该护理好口腔，经常刷牙，不用手撕嘴上的死皮或用牙齿咬嘴唇，杜绝人前的异响，如哈欠、喷嚏、吐痰、打嗝等。如果不慎弄出了异响，要向身边的人道歉。要避免不雅的、夸张性的嘴巴动作。

（5）清洁耳朵。平时洗澡、洗头、洗脸时，应安全地清洗一下耳朵，及时清除耳孔中的分泌物。

（6）脖颈。脖颈属于面部的自然延伸部分，修饰脖颈要注意清洁干净，仔细护理脖子上的细嫩皮肤，防止过早老化。

2）仪容中其他部位修饰

（1）手臂。手臂的修饰包括洗干净手掌，正式场合不应裸露肩臂汗毛在衣服之外。

（2）腿部。腿部的修饰包括保持脚部干净与无味，正式场合不暴露腿部。

3）关注发型

（1）清洁头发。干净、清爽、卫生、整齐、秀美是对头发最基本的要求。清洁是保养头发的最基本的方法，根据不同的发质选用洗发露，并遵循正确的洗发方法，一般每周 2～4 次。

（2）梳发。梳理头发可选择木梳、牛角梳等自然材料做的工具，头发要勤于梳理，养成早晚梳刷头发的习惯，用力要适度。忌在外人面前梳理头发。

（3）剪发。要定期修剪头发，男士最好每月一次，女士视情况而定。一般男士修剪头发要注意前发不覆额，侧发不掩耳，后发不及领。女士发型不标新立异，过于夸张。

职业发型总体要求：干净、整齐、长短适当（男 6cm，前不及额头、后不及领口，发角线整齐）；发式简单大方，发饰朴素典雅（中性色、不花哨、不幼稚），如图 2.3 所示。

（4）设计发型。发型设计以美观、大方、整洁、方便生活与工作为原则，还要兼顾脸

图 2.3 女性与男性的工作发型

型、体形、职业和年龄的匹配,给人以整体协调之美。

根据亚洲人脸形的特点,一般可以分为七种类型:标准脸、长形脸、圆形脸、方形脸、梨形脸、心形脸、菱形脸。应据脸形选择合适的发型,女士脸形与发型选择参考表见表2-1。

表 2-1 女性根据脸形选择发型参考表

脸形	脸形特点	适宜发型
标准脸	颧骨比较不明显,脸型长短宽窄配合最适宜,这种脸型是最标准脸型	适合任何发型
长形脸	瘦,面部肌肤不够丰满,腮部与额部不够圆润,三庭过长;缺乏生气,带有忧郁感	发顶应平服,留直发刘海,两颊头发打出层次,增加蓬松度。头发侧分,忌中分
圆形脸	下颌骨转折缓慢,呈弧面形。面部丰满且脂肪层较厚,长宽的比例基本相似	把圆脸的外轮廓打破,在脸部最宽出创造一个不对称的视觉形象,掩盖圆脸的结构
方形脸	脸的长度与宽度差不多,但上额角与下颌角较宽,转折明显,面部呈方形,缺少柔美感	尽量多用一些发量来遮盖住脸的两侧,以求产生一种窄的视觉效果
梨形脸	额头过窄,下颌骨宽大,角度转折明显,上颌与下颌呈平行,使脸下部宽而平	在头顶部位尽量造出一些发量并使之蓬松,下颌部位的头发打薄,视觉效果上下均衡
心形脸	脸的最宽处在额头,下颌骨往里收缩,宽度最窄且尖长,转折明显	修饰下巴处的头发以使其视觉上变宽,同时加一个发量遮盖前额两边,以缩小其宽度
菱形脸	额骨两侧过窄,颧骨过宽,下颌骨凹陷,下颏尖长	尽量在脸部周围塑造一个卵形视觉效果,同时脖子处的头发留有一个足够的长度,以减弱其颚骨线

4) 女性化日妆基本步骤

日妆也称生活妆、淡妆,用在一般的日常生活和工作中。要求妆色淡雅、自然协调,尽量不突出化妆痕迹。一般10分钟内就可以化好妆。

(1) 洁面。用洗面奶、清水将面部洗干净。清洁皮肤后,要涂以膏霜类(适合油性皮肤)、乳蜜类(适合中性皮肤)或冷霜类(适合干性皮肤)护肤品,起到保护皮肤的作用。

(2) 化妆水、润肤霜。化妆前须选择收敛性的化妆水,然后搽上合适的润肤霜。

(3) 乳液。化日妆宜选用乳液,含油量不宜太大,可选用水溶性乳液。

(4) 修正液,修正粉底。用于调整皮肤的颜色,适合化日妆,使用方便、快捷。

(5) 粉底液。可以局部遮盖,用量宜少宜薄,斑点明显的部位或者高光部位可多涂点。

(6) 定妆。搓取少量散粉或粉饼在全脸薄薄定妆,尤其是脸颊及脸部。定妆可防止化妆脱落和抑制过度的油光,皮肤黑的人不宜使用。

(7) 眉毛。用眉笔描画或取少量眉粉刷眉，缺的眉毛要用眉笔一根根按眉毛生长方向画出。比较理想的眉形是：眉头与内眼角垂直，眉梢在鼻翼外侧至外眼角连一斜线成45度，眉峰在距眉梢三分之一眉长处。眉梢的高度与眉头成一水平线或略高。

(8) 眼影。一般使用1~2种眼影进行混染，显得眼睛明亮。

(9) 眼线。睫毛条件差的可选合适的眼线笔，画上下眼线，突出眼部的立体感。

(10) 睫毛。用睫毛夹使睫毛向上弯曲，增强眼睛的层次感。

(11) 腮红。涂腮红既能调整脸型，又能使面部呈现红润健康和立体感。

(12) 口红与唇彩。日妆的口红颜色尽量接近唇色。

一般情况下，化妆基本由七个步骤就可以完成，比较简单方便实用。七步化妆法如图2.4所示。

图2.4 女性七步化妆方法

5) 女性面部化妆常识

(1) 三庭五眼，面部协调。"三庭五眼"是中国古代关于面容比例关系的一种概括，如图2.5所示，三庭：将脸的横向分成三等分，上庭是发际线到眉头；中庭是眉头到鼻底；下庭是鼻底到颏底。五眼：以一只眼的长度为单位，将脸的纵向分成五等分。

(2) 化妆注意四不一无，整体美观大方。①不在众人面前化妆，需要化妆、补妆应到洗

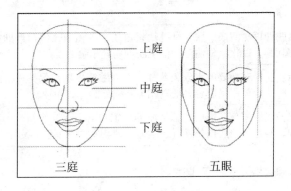

图2.5 三庭五眼

手间或偏僻处。②不议论他人的化妆,每个人都有自己的化妆手法,不要对他人的化妆品头论足。③不借用别人的化妆品,这既不卫生,也不礼貌。④不过于浓妆艳抹,区别生活妆与舞台妆。面部、颈部无明显的分界线。化妆后要检查是否对称均匀、和谐、自然,并与服装、发型整体协调。

2.1.2 仪容礼仪操作技巧

1. 操作技巧一:洗脸方法

正确的洗脸步骤和方法的全过程一般是六步,见表2-2。

表2-2 洗脸步骤和方法

洗脸步骤	洗脸方法
第一步:温水润脸	用温水先润湿脸部,保证毛孔充分张开,又不会使皮肤的天然保湿油分过分丢失
第二步:洁乳起沫	用适量的适合自己皮肤的洗面奶、洗面乳,在手心充分打沫涂抹脸
第三步:轻轻按摩	用双手的中指、无名指由下颌向上揉搓,手指由内向外打圈,经过鼻翼两侧至眼眶,再从颈部至耳部反复多次,以达到对皮肤彻底清洁的目的
第四步:温水洗净	用温水洗净脸后,最好坚持2~3分钟的面部按摩,加速新陈代谢,有效地防止皮肤的皮下脂肪层松弛和老化
第五步:检查发际	检查一下发际周围是否有残留的洁面乳
第六步:冷水撩洗	用双手捧起冷水撩洗面部20下左右,同时用蘸了凉水的毛巾轻敷脸部。这样做可以使毛孔收紧,同时促进面部血液循环

2. 操作技巧二:面部肌肤护理

女性化妆的前提是肌肤的护理到位,护理的步骤和方法见表2-3。

表2-3 女性肌肤护理步骤和方法

步 骤	作用与方法
第一步:清洁	每天早晚各一次的清洁工作,可以温和并彻底地卸除脸上的化妆品、表面油脂及污垢。用指腹顺着肌肤的方向,由下往上,由内往外轻揉(不要用力搓洗)。细致的眼圈部位则以无名指轻柔运作,然后用温水冲净或用温湿毛巾拭净
第二步:敷面	定期的敷面能保持皮肤纹理光滑,呈现出清新、光彩的容貌。以向上、向外的手势将面膜平敷在洁净的脸部,避开眼圈周围和唇部。等待约10分钟,再用温水洗净
第三步:爽肤	爽肤即再次清洁肌肤,可以软化角质、平衡PH值,帮助收缩毛孔,增加肌肤的柔软感。以化妆棉沾湿,依肌肤方向轻拍脸部及颈部
第四步:均衡营养	给皮肤补充必要的水分和养分,充分滋润皮肤,保持皮肤的柔润光滑。使用保养品时一定要用指腹轻轻地以朝上和朝外的方式涂抹
第五步:保护	保护皮肤避免环境中有害物质的伤害,给予皮肤光滑、匀称的光彩。用指腹或海绵轻轻地将粉底向外推开、推匀。请特别注意下巴,发际交接处,颜色要融合

3. 操作技巧三:画眼线和修唇四步法

化妆的女性可以选合适的眼影,用1~2种眼影进行混染可以突出眼部的立体效果,也可用单色眼影混染，修饰眼部，如图2.6所示。

　　修饰唇部可以选择唇线笔或唇彩，画出唇形后，用唇刷单色口红混染，或涂少量浅色唇油，加深嘴的轮廓，使其生动润泽富有魅力。

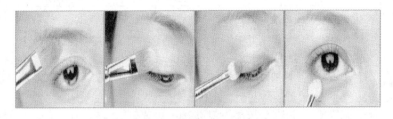

图2.6　上眼影四步法

4. 操作技巧四：手部护理三部曲

　　在日常生活中应随时随地护理双手，保持手部的干净、美观。手部护理步骤和方法见表2-4。

表2-4　手部护理步骤和方法

步　骤	作用与方法
第一步：温和洗护	选用温和而具有滋润效能的洗手皂或洗手液。在每次清洗后立即涂上护手霜，紧紧锁住肌肤养分
第二步：舒缓按摩	每日一次，在涂抹护手霜后进行手部舒缓按摩。可以放松双手，减轻疲惫酸痛，促进手部血液循环，使松驰的皮肤恢复弹性和柔软。手部按摩方法如图2.7所示
第三步：升级护理	每周一次，在手部按摩后，趁手部毛孔扩张，血液循环加快时，先在手背部位均匀抹一层去角质霜，去除皮肤老化角质，随后涂上手膜或厚厚一层护手霜后，戴上手膜手套10～15分钟，嫩滑效果即刻可见

　　手背按摩　　　穴位按摩　　　指关节按摩　　　指尖按摩　　　互握放松

图2.7　手部按摩方法

5. 操作技巧五：足部护理

　　足部护理方法和步骤见表2-5。足部护理如图2.8所示。

 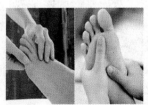 

图2.8　足部护理

表2-5 足部护理步骤和方法

步　　骤	方　　法
第一步：脚部皮肤消毒	向脚部喷消毒液，同时对手也进行消毒，以免手部细菌感染到脚上
第二步：清洁脚部皮肤	选择合适的清洁产品对脚部进行清洁，时间2～3分钟
第三步：泡脚	水温不低于40℃，加入适合的中草药或精油进行浸泡，时间最好在10分钟以上
第四步：修甲去角质	修剪趾甲，然后用足部护理磨砂膏，去除脚后跟、前脚掌等较为粗厚地方的角质，然后用温水洗净
第五步：按摩	用足底按摩乳按摩脚部一刻钟

【案例分析】

某公司招聘了一位业务员张文，不久，办公室很多人发现张文早上喜欢吃山东的葱卷饼，口腔常有味，喜欢留长指甲和一撮小胡子，自认为有阳刚之美。衣服后也常有头皮屑飘落，友人善意提醒，他认为工作完成出色，这点细枝末节无所谓。

请分析和讨论他的观点是否有道理。

 2.2 仪态礼仪

仪态是人的身体姿态，又称为体姿，基本包括人的站姿、走姿、坐姿、蹲姿等各种动作。仪态是一种语言，包括的行为举止有正确的站姿，优美的坐姿，雅致的步姿，恰当的手势等。这些仪态传递的气质风度、礼貌修养信息比有声语言更真实，更富有魅力。

2.2.1 仪态知识点拨

1. 站姿礼仪

站姿是日常生活中第一个引人注意的姿势，良好的站姿能塑造良好的气质与风度。俗话说"站如松"，就是说人的站立姿势要像青松一般端直、挺拔才会美丽。

标准的站姿，从正面看，全身笔直，精神饱满，两眼正视，两肩平齐，两臂自然下垂，两脚跟并拢，两脚尖自然张开，身体重心落于两腿正中；从侧面看，两眼平视，下颌微收，挺胸收腹，腰背挺直，手中指贴裤缝，整个身体庄重挺拔。

站姿的要领是：一平，即头平正、双肩平、两眼平视；二直，即腰直、腿直、后脑勺、背、臀、脚后跟成一条直线；三高，即重心上拔，看起来显得高。在较正式的迎送场合，女士还可以将右手搭在左手上，拇指交叉，并将双手置于肚脐位置上，两脚站成"丁"字形，腹略收。男士两脚并拢呈标准立正姿势，或将两脚分开与肩同宽，也可呈"V"字形。

女性站姿与男性站姿分别如图2.9、图2.10所示。

2. 坐姿礼仪

端庄优美的坐姿，会给人以文雅、稳重、自然大方的美感。坐姿的基本要求是端庄、文

图 2.9 女性站姿

图 2.10 男性站姿

雅、大方、得体。在正式场合，男士坐姿应以"坐如钟"的姿势，给人庄重安详、四平八稳的印象。良好的坐姿是端庄、自然、大方、舒适，与体位的协调配合一致，更能显示出坐姿静态美的魅力。

1) 正确坐姿

正确的坐姿规范是走到座位前面再转身，转身后右脚向后退半步使腿肚贴到椅子边，然后轻稳坐下；入座后，上体自然坐直，双肩平正放松，立腰、挺胸，两手放在双膝上或两手交叉半握拳放在腿上，亦可两臂微屈放在桌上，掌心向下。双目平视，嘴唇微闭，微收下颌，面带笑容。

女士的双膝靠紧，大小腿并拢，坐椅子的 1/2，女士若着裙装，入座前应用手将裙稍稍拢一下再坐下。男士坐 2/3 椅子，轻靠椅背。

2) 常见的坐姿

女性标准式坐姿双脚并列整齐，其他的坐姿如曲线倾斜式、侧交叉式、侧挂式、后点交叉式、开关坐姿等，如图 2.11 所示。男士的坐姿常见的有标准坐姿、交叉坐姿和休闲的"二郎腿"的坐姿，如图 2.12 所示。

3. 走姿礼仪

走姿也称行姿或步姿，属于动态的美。无论在日常生活中，还是在社交场合，走路往往

图 2.11 女性坐姿

图 2.12 男性坐姿

是最引人注目的体态语言,最能表现一个人的风度和活力。正确、优美、轻盈,有节奏感,给人以美感。从一个人的走姿就可以了解其精神状态、基本素质和生活节奏。

1) 标准的走姿

标准的走姿为:上身基本保持站立的标准姿势,挺胸收腹,腰背笔直;两臂以身体为中心,前后自然摆动。前摆约 35 度,后摆约 15 度,手掌朝向体内;起步时身子稍向前倾,重心落前脚掌,膝盖伸直;脚尖向正前方伸出,两脚内侧落在一条直线上。通常,女士步幅以一脚距离为宜,男士步幅以一脚半距离为宜。正确的行走,上体的稳定与下肢的频繁规律运动形成对比和谐、干净利落、鲜明均匀的脚步,形成节奏感,前后、左右行走动作的平衡对称,都会呈现行走时的形态美。女性走姿和男性走姿分别如图 2.13、图 2.14 所示。

图 2.13 女性走姿

图 2.14 男性走姿

2）不同走姿中的注意事项

（1）陪同引导。陪同时应走在被陪同人的左前方的二三步处；若在行进中与对方交谈时应将头部和上身转向对方。拐弯或有楼梯台阶处应使用手势，并提醒被陪同人"这边请"、"有台阶，请走好"等。注意上楼时尊者在前，下楼时尊者在后，以确保安全。穿着短裙的女士在上楼时不应走在前，以免"走光"。陪同时上下楼的引导走姿如图 2.15 所示。

图 2.15 陪同时上下楼的引导走姿

（2）个人上下楼梯的走姿。个人在上下楼梯时，要坚持"右上右下"的原则，身体放松自如，不要驼背或打闹占位，尤其是人多的情况。

（3）变向行走。告别离开别人办公室时应该先面向对方，小步幅后退两三步，然后先转身再转头，若是扭头便走则很失礼。在较窄的位置与人相遇时，要侧身行进，面向对方。

4. 蹲姿礼仪

在工作和生活中，当人们拿取、捡拾低处物品时，往往需要采用蹲姿。但是很多人却因为不雅的蹲姿而破坏了个人形象，同时也令旁观者感到尴尬。

1）正确的蹲姿

当要下蹲取物时，上体尽量保持正直，两腿合力支撑身体，靠紧向下蹲，如图 2.16 所示。女士无论采用哪种蹲姿，都要将腿靠紧，臀部向下。举止应自然、得体、大方、不造作，才能体现出蹲姿的优美。蹲姿一般可分为交叉式和高低式两种。

（1）交叉式蹲姿。下蹲时，右（左）脚在前，左（右）脚在后，右（左）小腿垂直于地面，全脚着地，左（右）腿在后与右（左）腿交叉重叠，左（右）膝由后面伸向右（左）侧，左（右）脚跟抬起，脚掌着地，两腿前后靠紧，合力支撑身体。女士要求臀部向下，上身稍前倾。

（2）高低式蹲姿。下蹲时左（右）脚在前，右（左）脚稍后（不重叠），两腿靠紧向下蹲。左（右）脚全脚着地，小腿基本垂直于地面，右（左）脚脚跟提起，脚掌着地。右（左）膝低于左（右）膝，右（左）膝内侧靠于左（右）小腿内侧，形成左（右）膝高右（左）膝低的姿态，臀部向下，基本上以膝低的腿支撑身体。

图 2.16　男女蹲姿

2）蹲姿的禁忌

下蹲时切忌有弯腰、臀部向后撅起的动作；女士不要两腿叉开下蹲；下蹲时不能露出背部皮肤和内衣裤。男女不雅蹲姿如图 2.17 所示。

图 2.17　男女不雅蹲姿

5. 恰当的手势语

手势是一种非常富有表现力的"体态语言"，它不仅对口头语言起加强、说明、解释等辅助作用，而且还能表达有些口头语言所无法表达的内容和情绪。手势语是指通过手和手指活动传递信息。

使用手势指示时，右侧用右手指示，左侧用左手指示；注意使用整个手掌，拇指自然的靠近内侧，其他四指并拢；目光望着对方的眼睛，然后移向所指方向等。

交谈时谈到自己时可以用右手轻按自己的左胸,这样显得稳重可信;在任何情况下用手指点别人,都是极不礼貌的。因各国习惯不同,同一手势所表达的意思也不尽相同,因此,与外国人交往时不可乱用手势。例如,在我国竖起大拇指表示称赞夸奖;而在欧洲一些国家,伸出拇指上挑可视作招呼出租车;而澳大利亚则认为竖起大拇指尤其是横着伸出是一种侮辱。

将食指和中指竖起分开,形成"V"字形,已经成为现在流行的表示"胜利"的姿势。据说这个手势是丘吉尔发明的。二战期间,一次丘吉尔在地下掩蔽部内举行记者招待会,突然上面警报声大作,丘吉尔闻声举起右手,将食指和中指同时按住作战地图上的两个德国城市,大声地对与会记者们说:"请相信,我们会反击的!"同时将按在地图上的两指指向天花板,情绪激动地大声回答说:"一定胜利!"丘吉尔这一镇定威严的神态举止,被记者们拍了下来,登在了第二天出版的报纸上,从此,这一著名的手势便在英国城乡广泛流行开来,并很快在全世界得到了普及。

1) 常见的手势语

(1) 介绍与指引。右手五指并拢,掌心向上,手掌与前臂呈一条直线,以肘关节为轴,手臂向外横向摆动,指尖指向指引的方向,上身稍向指引方向前倾,面带微笑;左手置于肚脐位置,如图2.18所示。

图2.18 指引与介绍手势

(2) 递物。递物以双手为宜,若不方便双手并用时,也要采用右手。通常用左手会被视为无礼。

注意:将带有文字的物品递交他人时,须使字迹正面面向对方。

将锋利的物品递与他人时,勿将锋利面直指对方。单双手递刀、递物品的手势如图2.19所示。

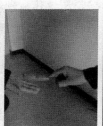

图2.19 单双手递刀、递物品的手势

(3) 致意、告别。五指并拢,抬起小臂自然挥动再配以亲切的问候语或告别语以示致意、告别,如图2.20所示。

图 2.20　致意与告别的手势

2）国际交往中手势的含义

（1）有些人说话喜欢用食指对别人指指点点，在欧美这是不礼貌的责骂人的动作。

（2）"到这边来"的手势用得很多，中国人习惯手臂前伸，手心向下，弯动手指，示意"过来"。而在欧美，这一动作却是召唤动物的表示。欧美国家召唤人时，是将手掌向上伸开，伸曲手指数次。在中国，这一动作又被误解为召唤小孩或动物。

（3）在大部分中东和远东国家，以及葡萄牙、西班牙和拉丁美洲国家，用手召唤人的正确姿势是手心向下，挥动所有手指或挥动手臂。

（4）竖起大拇指表示"好"和"行了"，通行于世界多数国家，而在澳大利亚，这个手势是粗野的。

（5）在希腊和尼日利亚人面前摆手是对他们的极大侮辱，手离对方越近侮辱性就越大。

（6）美国人手指弯曲，手心向前，拇指与食指弯曲合成圆圈，表示"OK"、"好"的意思；在中国和日本却表示钱；在拉丁美洲则是低级庸俗的动作。

3）手势语运用的要点

（1）手势的大小幅度适当。在社交场合，应注意手势的大小幅度。手势的上界一般不应超过对方的视线，下界不低于自己的胸区，左右摆的范围不要太宽，应在人的胸前或右方进行。

（2）自然亲切，给人谦和友好的感觉。

（3）避免不良手势，包括与人交谈时，手势夸张比画、指手画脚、手势动作过多过大；用手指别人，背后对人指点等；抓头发、玩饰物、掏鼻孔、剔牙齿、抬腕看表、拉袖子等粗鲁的手势动作。

2.2.2　仪态礼仪操作技巧

1. 操作技巧一：女性优雅站姿与站姿的基本训练

男女站姿有不同美感：女性应是亭亭玉立，文静优雅；男性应是刚劲挺拔，气宇轩昂。女性站姿的优雅是站立时，手势与脚位状态的组合自然大方，有一定美感，如图 2.21 所示。

在社交场合不雅的站姿有含胸驼背、抖动双腿、站立东倒西歪，如图 2.22 所示。男女都存在这样的现象，应该多加注意与练习。

图 2.21 优雅站姿

图 2.22 男女的不雅站姿

优雅站姿的训练方法很多,常见的有走"T"台训练,有头顶书本、人贴墙、腿夹书、纸张站立,双手端物训练以及扶物摆造型训练等,如图 2.23 所示。

图 2.23 站姿的训练方法

2. 操作技巧二:男女站姿的手位与脚位的摆放

男女站立时,通常手自然垂下,贴在裤边或裙边。男士根据工作性质和场合可以选择把双手背到身后、握在腹前或一手前一手后,女士一般选择自然下垂或握在腹前,如图 2.24 和图 2.25 所示。

男女站姿脚位,都可以选择"V"形脚位站立,一般男士也可以选择双脚自然分开,与

图 2.24　男士站姿的手位

图 2.25　女士站姿的手位

肩平行或窄于肩；女士穿裙装选择"V"形脚位和小"丁"字形站立，比较自然优美，穿裤装可以休闲站立。男士站立的脚位如图 2.26 所示；女士站立的脚位如图 2.27 所示。

图 2.26　男士站立的脚位

图 2.27　女士站立的脚位

3. 操作技巧三：优雅休闲性坐姿与不雅坐姿

社交场合，我们不需要坐得规矩严谨，可以放开点，如脚和手的交叉错位，达到美观舒适效果，如图 2.28 所示。不雅的坐姿包括脚摆出"4"字形，含胸驼背、抖动脚，女士两腿分开过大等现象,如图2.29所示。

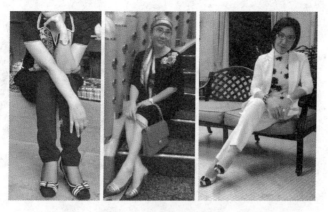

图2.28 优雅休闲的坐姿

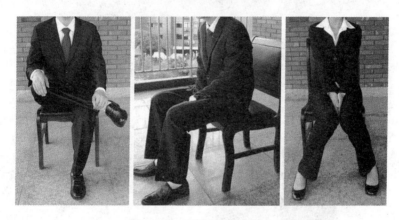

图2.29 不雅状态的坐姿

4. 操作技巧四:女士上下车的坐姿

女士上车采用"背入式"姿势比较优雅。女士下车时注意双膝并拢,整个身体移离车外,穿裙装应将两只脚同时踏出车外,双脚膝盖并拢着地,再将身体移出,如图2.30所示。

图2.30 女式上下车坐姿

5. 操作技巧五:多样的手势语

(1)"请"的手势有上手位,手微微上扬,有双手请,有单手指定位置和方向的手势,如图 2.31 所示。

图 2.31 请的手势

(2) 鼓掌的手势有赞许、鼓励、祝贺、欢迎之意；竖立大拇指有夸奖、赞美之意，如图 2.32 所示。

图 2.32 鼓掌和竖立大拇指的手势

(3) 攥紧拳头的手势，暗示进攻、自卫，表示力量、愤怒；伸出食指的手势，含有教训人的意思，如图 2.33 所示。

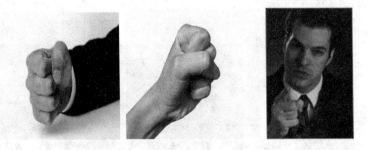

图 2.33 握拳头与伸食指的手势

(4) 其他手势，包括有"OK"的手势，高兴欢呼的和舞蹈表演类的手势，如图 2.34 所示。

6. 自我评估

测试你是否有令女士讨厌的举止的自我评估表见表 2-6。

图 2.34 其他手势

表 2-6 测试你是否有令女士讨厌的举止

	内 容	有计 2 分	偶尔有 1 分	无，0 分
1	坐下时，大腿跷二腿，摇来晃去			
2	坐下时喜欢把裤腿卷起			
3	没人时就随地吐痰			
4	过分对着镜子梳妆打扮自己			
5	习惯了在人多场合笑时用手掩住嘴			
6	同学说自己走路时，腰臀部扭来扭去			
7	喝茶、喝酒端杯翘小指			
8	把手提袋之类的挂在手腕上			
9	经常用手挖鼻孔			
10	说话和紧张时候过于频繁地眨眼			
11	有时候在众人面前没有控制打嗝			
12	一边蘸着唾沫，一边数钱			
13	用完餐后，用牙签在嘴里捣来捣去			
14	抽烟时不停地将烟从鼻孔中喷出			
15	在电影院或火车上，喜欢把脚放在前排座位上			
16	习惯用手拔、摸自己的胡子			
17	搔抓头皮，摸脸			
18	夏天没人时候经常把鞋袜脱掉			
19	走路把手插进裤袋，打响指			
20	公交车上喜欢趴下睡，有时候四仰八叉睡			

结果评析如下。

0~15 分：恭喜你！属于基本上没有令女性讨厌举止的人，获得普遍的青睐；

16~30 分：你平时是有一些不文明、不文雅的举止，只要你认识到这些毛病，并且在日常生活中时刻提醒自己改正过来，你就能够赢得女士芳心。

31~40：你应引起注意，在很多女性眼中，一些仪态丑陋、恶心而且令人生厌。你难看的举动阻止了你与人们的交往。你需要深刻反省，否则可能没有机会交往到心仪的人。

【案例分析】

某跨国公司正在进行招聘，一位应聘者步态轻盈走进门后沉着地向大家鞠躬致意，然后选择了最前排且人较多的中间座位就座。他就座的姿势端庄，臀部占据椅子三分之二左右，并且上身挺直，两手自然地放在膝盖上，不左顾右盼，双眼注视着面试官……最后，面试官们一致认为，这名应聘者是一名难得的人才，非常适合他们所招聘的职位。

请分析，面试官为什么一致认可他呢？

结合图2.35分析站立的状态与场合。

图2.35　各种站立的状态

2.3　着装礼仪

2.3.1　服饰知识点拨

在人际交往中，服装被视为人的"第二肌肤"，既可以遮风、挡雨、防暑、御寒、蔽体、掩羞，发挥多重实用性功能；又可以美化人体、扬长避短、展示个性，反映精神风貌，体现生活情趣，发挥多种装饰性功能。不但如此，在正式场合，它还具有反映社会分工、体现地位、身份差异的社会性功能。因而，服饰不但是一门技巧，更是一门艺术。每个人的服饰着装风格都会受到仪容、体态、颜色、款式、质地和配饰六大要素的影响，各有千秋，本节选择1~2个方面进行分析。

"一个和你会面的人，往往自觉不自觉地会根据你的衣着来判断你的为人"（索菲亚·罗兰）。从礼仪的角度看，着装能折射出一个人的教养与品位。我们每个人在社会交往中，都应在力所能及的前提下，结合自身特点、所处场合等因素对服装进行精心选择、搭配和组合，给他人以良好的印象。

1. 服饰的艺术常识

1）讲究着装的色彩

一个人想穿着得体，必须巧妙地利用服装色彩扬长避短，表现美点，掩盖缺点。要使着装色彩达到理想的效果，就必须明确服饰色彩的选配、展示个性特征的基本色，以及不同社交场合择色的原则等。

（1）色彩的搭配原则。服装色彩搭配的原则主要体现为和谐、自然，具体可归纳为以下几点。

① 要有主色调，力避杂乱无章。通常，着装讲究三色原则，一个人身上最好不要超过三种色系。大面积的色调为主色，加上陪衬色和点缀即可。

② 采取调和、对比方法体现和谐美。首先，用同色系的数种色调来搭配，可以给人端庄、稳重、高雅的感觉；其次，用相似色搭配会显得柔和协调。也可选用对比色搭配。

③ 以上轻下重的色系体现稳定感。一般场合着装色彩应上半身偏轻，下面偏重为好，或上身浅色逐渐深下去搭配妥当，能够体现和谐、稳定、大方的气质，如图2.36所示。重色在上、轻色在下也可达到飘逸活泼的效果，如图2.37所示。

图2.36　上轻下重的搭配

图2.37　上重下轻的搭配

总之，服装配色美是色彩对比与调和多样统一的一种形态表现。它的真谛在于"和谐"，即变化于统一之中。因此，着装时考虑色彩的搭配还应注意把胸花、领带、丝巾、鞋袜等饰物通盘考虑进去，以达到画龙点睛、锦上添花的效果。

（2）结合肤色确定着装的基本色。每人在着装时应努力选择出最能使自己肤色增辉的颜色作为基本色，并在此基础上配以其他与之相协调的色彩。肤色与着装的选择分析表见表2-7。

（3）结合不同场合选择着装色彩。在出入不同社交场合时着装色彩是很有讲究的，必须注意与环境、气氛相协调。

表2-7 肤色与着装的选择分析表

皮肤类型	皮肤白皙者	皮肤较黑者	皮肤较黄者	皮肤红艳者
选择建议	可选择冷、暖、深各类颜色的服装,以明亮鲜丽的色彩为宜,也可以选择深暗的色彩	适宜选择较明亮的色彩,映衬肤色发亮,富有光泽。例如,柔和明快的中性灰色等	选择暖色与明度适中的色彩,如淡红色、浅粉色等浅暖色服装,会显得富有生气、健康	选择墨绿、茶绿、蓝紫色调的服装效果更好
优势	映衬得有健康活力,效果良好	显示一种健美活泼的风韵,增加美感	充满活力,减少精神萎靡、自卑之感	提升肤色明度,衬托儒雅
注意事项	避免穿近似皮肤色彩的服装,容易给人以病态之感	避免穿浅灰、深褐色、黑绿色、紫色及纯黑色一类使肤色更趋黯淡的上装	避免穿青蓝、莲紫、黄绿色调的服装。肤色黄褐者应避免选择米黄色、土黄色	避免穿正绿色和蓝绿色服装,对比会产生俗气感

严肃、庄重的正式场合,如办公室、会场、庆典、谈判、竞选等场合,女性的服装色彩不能过于华丽、耀眼;男性服装也应以深沉、朴素的色调为宜,因而选择中性色彩和冷色调较合适。

舞会、联欢会等喜庆场合,应选择色彩洁雅、明丽的服装,这样既可与悠扬的舞曲融为一体,又可五彩缤纷,增添浪漫情趣。

在隆重正式的宴会场合,应与豪华、热烈的环境气氛相协调,穿上色彩华丽、浓艳的晚礼服,有着使人心旷神怡、与环境浑然一体的感觉。

探视病人的时候,最好穿淡色或暖色服装,因为淡暖色对病人的心境会产生良好影响。

参加葬礼的时候,应着肃穆的黑色、深色服装为宜,内穿白色或暗色衬衣。

2)结合身体要素择配服装款式

如果了解自己的体型,并根据体型的特点选择、设计符合自己的服装,就能利用眼睛的视错觉,扬长避短、隐丑显美,取得良好的效果。身体要素与选择服装见表2-8。

表2-8 身体要素与选择服装表

身体要素		适宜选择	不适选择
脸型	长脸	圆形领口、高领口、马球衫或带有帽子的上衣	与脸型相同的领口衣服,V字领和开得低的领子
	方脸	穿V形或勺形领的衣服	方形领口的衣服
	圆脸	穿V形领或者翻领衣服	圆形领口和带帽子的衣服
脖颈	长颈	高领口的衣服	低领口的衣服
	粗颈	宽敞的开门式	关门领或窄小的领口和领型
	短颈	敞领、翻领或低领的衣服	高领衣服
肩膀	宽肩	无肩缝的毛衣或大衣,用深的V形领	宽方领口衣服,泡泡袖衣服
	窄肩	方形领口的衣服	V形领/无肩缝的大衣
手臂	长臂	短而宽的盒子式或袖子的衣	衣袖不宜又瘦又长,袖口边也不宜太短
	短臂	穿长袖/合体衣服	太宽的袖口边

续表

身体要素		适宜选择	不适选择
胸部	大胸	敞领或低领口的衣服	高领口或在胸围打碎褶,水平条纹图案的衣服或短夹克
	小胸	水平条纹或细长领口的衣服	过深的V形领的衣服
腰身	长腰	高腰的、上有褶皱的罩衫或者带有裙腰的裙子	窄腰带,穿腰部下垂的服装
	短腰	穿使腰、臀有下垂趋势的服装,系与上衣近色窄腰带	高腰式的服装和系宽腰带
臀部	大臀和宽臀	柔软合身的裙子和上衣	大褶或碎褶/鼓胀的裙子,臀部缀口袋,袋状宽松的裤子
	窄臀	宽松袋状的裤子或宽松打褶裙子	太瘦长的裙子或过紧的裤子

2. 服饰礼仪的原则

1)着装场合及要求

从总体上讲,在交际应酬之中人们所面临的有公务、社交、休闲三大类场合。从原则上讲,公务场合、社交场合属于正式场合或半正式场合,其总的要求是正规、讲究。休闲场合则属于非正式场合,其总的要求是随意、方便。服饰场合要求与选择服装表见表2-9。

表2-9 服饰场合要求与选择服装表

	场合类型	具体场合表现	着装要求	服装类型
1	公务场合	工作地点,上班的场合	庄重保守	套装、套裙、制服,还可以考虑选择长裤、长裙和长袖衬衫等,不宜穿时装、便装
2	社交场合	应酬的场合,如聚会、拜会、宴会、舞会、音乐会	时尚个性	礼服、时装、民族服装,不适合选庄重保守制服或过于休闲的运动装等
3	休闲场合	一个人单独自处,或者在公共场合与其他不相识者共处的场合如居家、旅游、逛街	舒适自然	适合选择的服装有运动装、牛仔装以及各种非正式的便装,比如T恤、短裤、凉鞋、拖鞋等

2)着装原则

(1) TPO原则。TPO原则是有关服饰礼仪的基本原则之一。TPO是英文Time Place Occasion三个词首字母的缩写。Time代表时间、季节、时令、时代;Place代表地点、场合、职位;Occasion代表场合、目的、对象。TPO原则即着装应与着装的时间、地点和场合协调一致。着装要与时间、季节相吻合,符合时令;要与所处场合环境,与不同国家、区域、民族的不同习俗相吻合;符合着装人的身份;要求人们的服饰应力求和谐,以端庄、大方为美。要根据不同的交往目的、交往对象选择服饰,给人留下良好的印象。

(2) 五应原则。五应原则即着装体现应时、应景、应事、应己、应制五个方面。五应原则是TPO的具体运用,其内容见表2-10。

表 2-10　五应原则内容表

五应	内　　容
应时	(1) 与时代进步的主流风格基本保持一致 (2) 随着一年四季的变化而更替变换 (3) 服饰应该顾及每天早、中、晚的时间变化
应景	(1) 服饰要充分考虑自己即将出现或主要活动的地点 (2) 尽量使服饰与自己面临的环境保持和谐
应事	服饰根据所处理公事的不同而有所化，合乎规范 (1) 办公服饰讲究正规、干净、整洁、文明 (2) 严肃场合服饰应力求庄重、高雅，在我国一般穿中山装、西服套装、旗袍
应己	服饰要合乎自身条件和特点 (1) 着装时应考虑自己的身份和年龄 (2) 服饰与肤色在色彩上应协调 (3) 着装应符合自己的形体
应制	指职场人士参加正式活动的服饰，要做到： (1) 制度化，即符合公司制定的执行公务时的着装规定 (2) 系列化，即衣、裤、裙、帽、鞋、袜、包等在一个"主题"上或系列上 (3) 标准化，即按照各种服装穿着标准进行着装，不可随意创造，独成一派

3. 男士着装

1) 男士服装的类别

(1) 中式男礼服。中式男礼服即中山装。中山装，顾名思义，与"伟大的革命先行者"孙中山有关。中山装本身具有简便、实用等特点，再加上是孙中山设计，因此自辛亥革命起，便和西服一起流行起来。当时赋予中山装新的含义是：正面的四个口袋，象征中国传统文化中的礼、义、廉、耻；口袋盖的"倒笔架"形状，表明"以文治国"的坚定决心；前身的五枚纽扣，象征五权分立的政体设计；袖口后面的三粒纽扣，标志着三民主义的立国精神；下翻封闭式衣领，显示了严谨治国的管理理念；后身没有西装式缝线，隐含着和平统一的民族大义。

中山装是在最初由上海亨利服装店将一套陆军制服改成便装后，经发展演变成现在所穿的样式。由于新中国开国领袖毛泽东经常在公开场合穿中山装，西方也习惯称呼中山装为"毛装"。我国几代领导人穿中山装的风采有目共睹。

中山装在穿着时，应将前门襟、风纪扣、袋盖扣全部扣好；口袋内不宜放置杂物，以保持平整挺括；配漂亮的黑色皮鞋。成年男子穿上一套合身的中山装，会显得庄重、神气、稳健、大方，富有中国男子气派，可以出席各种外交、社交场合。

(2) 西式男礼服。

① 大礼服：即晨礼服、晚礼服。

晨礼服是白天穿着的正式礼服，是男士在正式场合，如就职典礼、授勋及星期日上教堂做礼拜等所穿的服装。晨服通常上装为灰色或黑色，剑领，后摆为圆弧形，衣长与膝齐，胸前仅有一粒扣，配白色衬衫，系灰色、驼色领带；下装为深灰色黑条裤，一般用背带，穿黑袜子、黑皮鞋；可戴黑礼帽。

晚礼服。大家较为熟知的燕尾服便是西式晚礼服的一种。深色高级衣料制成；前身较短,后身较长而下端张开像燕子尾巴;翻领上镶缎面;裤腿外侧有丝带;通常系白色领结;配黑色皮鞋,黑丝袜;戴白手套。燕尾服是晚间最为正式的礼服,用于隆重庄严的场合,如男士出席正式宴会、观看盛大演出、参加高级舞会、授奖仪式。

穿大礼服有着严格的规范。在重要的国际活动中,请柬中会对着装有特别要求或提醒。若注有"White tie"(白领结),则说明应穿大礼服。

② 正式礼服,如图2.38所示。正式礼服比大礼服的礼仪档次略低。这种礼服多用黑色毛料,夏天则采用白色麻料。圆摆,大翻领上和裤子侧缝镶饰缎面。衬衫为带褶的礼服衫,配黑色领结和腰封,穿黑色皮鞋和黑色袜子。晚上6点以后的舞会、宴会、酒会等多穿这类服装。若在请柬中看到"Black tie"(黑领结),就需要穿正式礼服。

图2.38 男士正式礼服

③ 日常礼服。即黑色西服套装。在许多正式场合都需要男士穿这种服装。黑色西服套装有上衣、裤子、背心,扣子一般为1~3粒,单排扣双排扣都有。日常礼服穿着场合较多。男士日常礼服如图2.39所示。

图2.39 男士日常礼服

2) 西服套装的着装礼仪

西服是目前国际上流行的正式服装,也是现代社交活动中得体的服装。男士穿西装显得彬彬有礼、潇洒大方。着西装的人要充分了解穿西装的基本礼仪。

(1) 西装的款式、质地、色彩,如图2.40、图2.41所示。好的西装可以表现出优雅的个性、良好的品位和尊贵的气度。西装款式多样,领型就有平驳领(船型领)和枪驳领,西装后面有不开衩和开衩之别。西装按照件数来划分,有单件与套装(两件套与三件套),单件西装,仅适用于非正式场合。套装,即上衣与裤子成套,其面料、款式、色彩等上下呼应。一般认为三件套西装比两件套西装正规。按照西装上衣的纽扣数量来划分,西装上衣有单排扣与双排扣之分。单排扣的西装上衣,最常见的有1粒纽扣、2粒纽扣和3粒纽扣,2粒纽扣显得正统,穿单排扣上衣时,如果是两粒纽扣,讲究"扣上不扣下"。双排扣西装上衣要全扣,最常见的有2粒、4粒和6粒纽扣之分,一般认为4粒和6粒的双排扣西装属于流行款式。

图2.40 平驳领、枪驳领

图2.41 不开衩 单开衩 双开衩

面料是西装的灵魂,不同质地、品质、色泽、织法、手感的面料决定西服的档次。面料的选择应力求高档。以纯毛、羊绒或高比例含毛的毛涤混合制作的西服,显得轻、薄、软和挺的特点,穿起来感觉柔软舒适合身,而外表显得挺括。

专家经研究发现:深蓝色西服+白衬衣是被人们认为最可信的搭配,时到今日,蓝、白色是最常用于企业和公司制服的首选服装和衬衣色,是走遍全世界不出错的商业标准职业装。一些欧美国家认为,商界人士最体面的服装是深灰色的西装。

(2)西装与衬衫。每套西装一般需有两三件衬衫搭配。穿西装要配硬质衬衫,以高支精纺纯棉、毛为主要成分的材料制作而成,在色彩上以白、蓝、棕、黑等色彩为主。衬衣领子高过西服1公分,袖子长过西服1公分为最美观(图2.42)。系领带时穿的衬衫要贴身,不系领带时穿的衬衫可宽松一点,衬衫的下摆要塞在裤子里。

(3)西装与领带、鞋袜等用品的搭配,如图2.43、图4.44所示。领带是西装的灵魂。正规场合穿西装都要系领带,要根据西装的色彩配置相应色彩和图案的领带,以达到相映生辉的效果。如果在一般不重要的场合,穿单排扣的单件西装,可以不系领带;穿成套西装出席正式场合,最好系上领带;穿双排扣西装则必须系上领带。领带的长度以三角尖盖住皮带

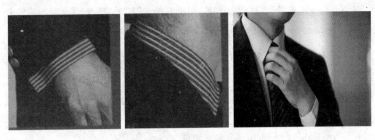

图 2.42　衬衣的袖和领位置

扣的 2/3 处为合适。

图 2.43　领带的花纹与长度

图 2.44　西装的鞋袜

领带最正宗的面料是真丝，棉、麻、尼龙亦可制作领带。在色彩上，如果是隆重的社交场合和公务场合应选择单色领带，并以蓝色、灰色、紫色打底最受欢迎，应选常见的斜条、横条、竖条、圆点、方格等。

穿整套西装时一定要穿正装皮鞋，不能穿旅游鞋、休闲皮鞋或凉鞋。皮鞋应始终保持光洁。袜子要和西装的颜色深浅一致。有两种袜子是不穿的，第一是尼龙丝袜，第二是白色袜子。品质好的深色中长全棉袜子配深色西装最合适。

另外，穿戴西装应配好公文包、皮带、手表、钢笔等物品。在正式场合所戴的手表，宜选择单色手表、双色手表，在造型方面应当庄重、保守，避免怪异、新潮。皮带是男士必不可少的饰品，也是男士品位的象征。穿着笔挺的西装时，腰带的花色应和皮鞋保持一致。黑色、栗色或棕色等深色哑光的皮带配以钢质、金质或银质的皮带扣，既适合各种衣物和场合，又可以很好地表现职业男士的气质。

（4）穿西装的禁忌如下。

① 装东西多。西装的口袋实际上是一种装饰，没有什么实用功能。万一有重要的东西要放，在西装的上衣的左侧外胸袋上，最多可以插入一块用以装饰的真丝手帕，内侧的胸袋，

可用来放钱夹、钢笔等,外侧下方的两口袋,以不放任何东西为佳。裤子的口袋只能够放纸巾等极少量东西,而裤子后面的口袋不放任何东西。

② 袖口上的商标没有拆。商标没有拆的西服说明没使用,带着商标上班也显得招摇。

③ 搭配白袜子,反差过大。

④ 在非常正式的场合穿着夹克打领带。领带和西服套装是配套的,如果是行业内部活动,穿夹克打领带是允许的。但是在正式场合,夹克等同于休闲装,所以在正式场合,尤其是对外商务交往中,穿夹克打领带是非常低俗的表现。

4. 女士着装

1) 女士礼服的类别

(1) 中式女礼服。中式女礼服即旗袍。长及脚踝的高开衩旗袍,其风格和袒胸露背长及脚踝的西式晚礼服具有异曲同工的效果,因此,只有在正式的晚宴或演出场合,或宾馆、酒店等要求穿特定中式工作装的场合,女士才能穿开衩开在大腿中部以上的高开衩长旗袍。日常工作或休闲场合的旗袍开衩不要高于膝盖以上10厘米。女士旗袍如图2.45所示。

图2.45 女士旗袍

旗袍的款式给人的总体感觉是在严谨中流露出庄重的性感。因而旗袍的领围、领高、肩宽、胸围、腰围、臀围都要合身,任何一处过于紧绷或过于宽松,都会使美感大打折扣,同时在穿着上,旗袍所有的纽扣都必须全部扣上,要穿连裤袜。

(2) 西式女礼服。

① 大礼服(晚礼服)。大礼服一般指晚上8点以后穿用的礼服,是女士礼服中最高档次、最具特色、充分展示个性的礼服样式,又称晚礼服、晚宴服,面料多为华丽高贵的丝、绸、缎等。它强调女性的线条美感,尤其是胸部的丰满,常有袒胸、收腰的设计。一些重要的颁奖活动和走红地毯仪式,如奥斯卡颁奖典礼,几乎所有的女士都穿大礼服。这种礼服的特点是高贵典雅,裸露较多,需要佩戴相应的珠宝首饰。

② 小礼服(准礼服)。小礼服的裙长一般在膝盖上下,随流行而定,既可以是一件式连衣裙,也可是两件式、三件式服装。在当代社会,一般的晚宴活动都可以穿小礼服,在穿着的时候要注意手提包、腰带和首饰的搭配。女性的小礼服系列如图2.46所示。

③ 常礼服(套装)。套装也被称为女性的职业装,可作为白天外出正式拜会访问时穿用的正式服装,也可在购物、茶会、朋友聚会等场合派上用处,稍加修饰还可参加朋友的婚礼、

仪式庆典等。套装的特点是高雅、稳重。

图 2.46　女性的小礼服系列

2) 西装套裙着装礼仪规范

（1）套裙的款式。套裙分两种基本类型：一种是用女式西装上衣随意搭配一条裙子，称之为随意型，一种是女式西装上衣和与之同时穿着的裙子（裤子）为成套设计、制作而成，称之为标准型。标准型套裙有两颗扣和三颗扣、两件套和三件套之别，一般用于正式、隆重的会议、迎宾接待的公务场合，女性套裙系列如图 2.47 所示。

图 2.47　女性套裙系列

（2）套裙的色彩要正。西服套裙色彩，不仅要兼顾着装者的身份、年龄、性格、体形等，更要与着装者活动的具体环境协调一致。如在庆典时可穿大红、暗酒红、樱红或珊瑚红等色彩的服装，在正式、半正式场合最佳的色彩是中灰色、棕色、米色、深蓝色、灰蓝色和黑色等单一的冷色调为主色，以体现女性的端庄、典雅和信任感，一套套裙的全部色彩不应超过两种，否则显得杂乱无章。

（3）套裙与衬衫。与套裙配套的衬衫，面料上要求轻薄而柔软的自然面料为主，如真丝、麻纱和涤棉等，有多种领型可选择，色彩上要求雅致而端庄，除了作为基本色的白色外，其他各种各样的色彩，包括流行色在内，只要与所穿的套裙色彩相和谐，均可作为衬衣的色彩，但最好以单色为最佳色彩。衬衣色彩与所穿套裙互相般配，会显得特别雅致。暗纹、条纹、小花点的花色衬衫也是不错的选择。衬衫的下摆必须掖入裙腰之内，不得任其悬垂于外，或是在腰间打结。衬衫的纽扣要一一系好。女性的衬衫如

图 2.48 所示。

图 2.48 女性的衬衫

（4）套裙与鞋袜。与套裙搭配的袜子最好是单色，不要穿网格花纹及纹路明显的袜子。选择深色袜可以使腿部看起来细巧一些。不要穿抽丝和有破损的袜子。女性套裙的鞋袜如图 2.49 所示。

皮鞋的颜色最好与套装颜色保持一致或深于套装颜色。在正式的礼仪场合，一般不要穿色彩太鲜艳的鞋子。皮鞋应是各类皮料制成的中高跟鞋，这样既能和服装相配，也可以让自己精神挺拔。不适合穿平跟鞋与运动、休闲鞋。

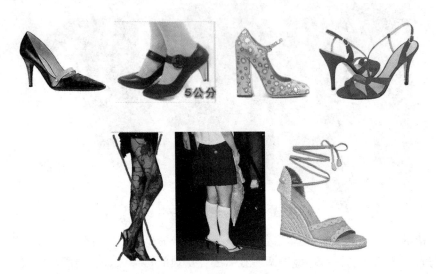

图 2.49 女性套裙的鞋袜

（5）着套裙的五大禁忌（见表 2-11）。

表 2-11　女性着套裙的禁忌

序号	套裙禁忌	序号	套裙禁忌
1	忌穿着黑色皮裙	4	忌不穿衬裙和颜色过于鲜艳
2	忌不穿袜子或有破洞的袜子	5	忌衬裙过长，图案过于杂乱
3	忌出现三截腿的穿法		

3) 女性不同场合的着装搭配

(1) 休闲场合：包括时尚休闲、浪漫休闲、运动休闲和商务休闲。休闲场合着装可以随意化、简单化、时尚化，图案可以多样，色彩可以绚丽，如图 2.50 所示。

图 2.50　女性休闲着装

(2) 上班场合：可以穿套装、连衣裙或休闲中带庄重的搭配，在办公、会议等场合效果很好，如图 2.51 所示。

图 2.51　女性上班着装

(3) 约会场合：包括约会、春游、周末逛街、派对、好友聚餐、拜见长辈等。约会场合可以选择自然、轻松、舒适的着装，如图 2.52 所示。

图 2.52　女性约会着装

4）配饰使用的原则

配饰，是指与服装同时使用的、发挥装饰作用的物品。以其使用的部位而论，有头饰、颈饰、胸饰、手饰、足饰之分，例如，包、戒指、项链、胸针、耳环、手表、眼镜、帽子等。在社交场合，配饰往往传递着使用者的知识、阅历、身份、地位等各种信息。正确使用饰品，既能让配饰发挥其应有的美化、装饰功能，又可以彰显女性的儒雅与气质。女性配饰用品如图2.53所示。

图2.53　女性配饰用品

具体使用各种配饰时，应遵守如下四项原则。

（1）数量原则：以少为佳。即同时佩戴多种首饰，其上限一般为三，即不要在总量上超过三种，有些场合可以一件首饰也不佩戴。

（2）质色原则：同质同色。即同时佩戴两件或两件以上的首饰时，应使其质地相同、色彩保持一致，显得更为协调。应注意的是，高档饰物，尤其是珠宝，多适用于隆重的社交场合。

（3）身份原则：符合身份。即佩戴首饰时要令其符合身份。选戴首饰时，不仅要照顾个人爱好，更应当服从于本人身份，要与自己的性别、年龄、职业、工作环境保持大体一致，不宜相差甚远。

（4）规范原则：符合规范。即佩戴首饰时要符合其特定的佩戴要求。如戒指戴在不同的手指上有不同的含义。而男士佩戴首饰最多的只有结婚戒指一种。

2.3.2　着装礼仪操作技巧

1. 操作技巧一：领带的搭配技巧与打法

1）领带的搭配技巧

领带的搭配是一门学问，它和年龄、体型、场合、西装、衬衫等搭配和谐，可以提高整体的感觉。基本搭配法考虑领带颜色的选用与使用者的年龄、体型、肤色相协调，与西装配色的协调性，注意场合与季节性。男士的领带如图2.54所示。

2）领带与衬衫和西装的搭配法则

色彩统一和谐，如与西装同色系或对比色系。

注意：领带忌讳带明黄或明蓝的领带，在国际上这是同性恋的象征。另外带卡通图案的

图 2.54 男士的领带

领带,显得不成熟,较幼稚。

3)领带与衬衫的搭配

领带有多种系扎方法,一般情况下主要是根据所穿衬衫领子的形状来选择的。现在市场上的男衬衫领形种类与特点,见表 2-12。常用男士衬衫如图 2.55 所示。

表 2-12 男士衬衫领形种类与特点

	男士衬衫领形种类	特 点
1	标准领	常见于商务活动中,色泽以素色为主,是最常见、最普通的衬衫款式,容易搭配,不受年龄因素影响且适合任何脸型
2	敞角领(宽角领)	适合系温莎结形的领带,一般与英国式的西服相搭配。近年敞角领的衬衫流行与打得稍小的半温莎领结相配,在复古中反映近年来精致的现代思潮
3	温莎领(一字领)	左右领子的角度在 170~180 度之间,是敞角领的一种极端发展状态
4	长尖领	多用作具有古典风格的礼服,通常为白色或素色,部分带简洁的线条,适合系单温莎结或普通结
5	异色领	搭配一个白领子的素色或条纹衬衫,一般称之为"牧师衬衫",这个名称来源于基督教的神父、牧师穿的黑色上衣加有白色领子的印象,这是较讲究的一种礼用衬衫,一般有白与蓝色,白与粉红色的组合
6	暗扣领	也叫有襻领。这是进一步扣紧脖口的一种十分讲究的领形,因夹角较小,所以一般系普通结
7	纽扣领	领尖以纽扣固定于衣身的衬衫领,典型美国风格的衬衫,原是运动衬衫,现在也作为西服衬衫使用
8	立领	又称中式领。这种领子一般不系领带,多用于轻松活泼的休闲西服
9	礼服领	又称单领、翼形领,通常用于燕尾服、晨礼服等礼服配套,一般系蝴蝶结而不系普通领带
10	执法型衬衫	指标准领衬衫胸前有两个加袋盖的口袋,肩部有肩章带的衬衫,常用于执法人员、保安和专业性较强的衬衫中

图 2.55 常用男士衬衫

4）领带的打法

常见的打法有四种，即平结打法、半温莎结、温莎结和普瑞特结。

（1）平结打法。平结（plain knot）是领带四大基本打法之一，同时也是最常用的领带打法。风格简约，非常方便，领结呈斜三角形，适合窄领衬衫。领带平结打法步骤如图 2.56 所示。

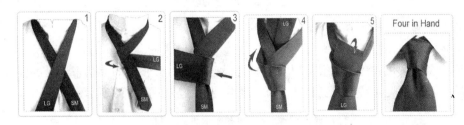

图 2.56　领带的平结打法

（2）半温莎结。半温莎结打法（the Half Windsor）是四种最基本的打领带的方法之一，是一种比较浪漫的领带打法，适用于任何场合，在众多衬衫领形中，与标准领是最完美的搭配。半温莎结领带的打法如图 2.57 所示。领带的半温莎结打法步骤见表 2-13。

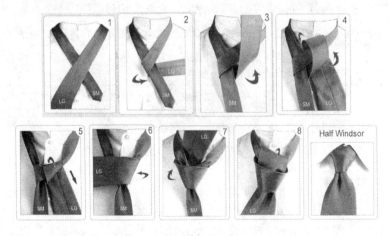

图 2.57　领带的半温莎结打法

表 2-13　领带的半温莎结打法步骤

第一步，准备。宽的大端在前，窄的小端在后，呈交叉状	第二步，将大端向内翻折
第三步，大端从右边翻折出来后，向上翻折	第四步，大端旋绕小端一圈
第五步，拉紧	第六步，将大端向左翻折，成环
第七步，由内侧向领口三角形区域翻折	第八步，打结，系紧，完成

（3）温莎结。温莎结是打领带的四种基本方法之一，一般用于商务、政治等特定场合。温莎结非常漂亮，属于典型的英式风格。领带温莎结打法如图 2.58 所示，其步骤见表 2-14。

（4）普瑞特结。普瑞特结是打领带的四种基本方法之一，适合大多数衬衫和场合。普瑞特结的说明略。

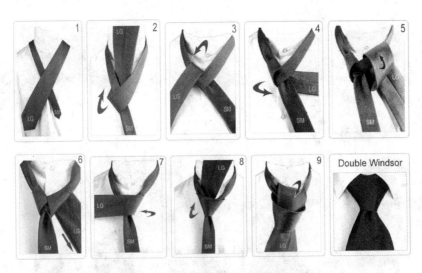

图 2.58 领带的温莎结打法

表 2-14 领带的温莎结打法步骤

第一步,准备。宽的大端在前,窄的小端在后,呈交叉状	第二步,大端由内侧向上翻折,从领口三角区域抽出
第三步,继续将大端翻向左边,即大端绕小端旋转一圈	第四步,大端由内侧向右边翻折
第五步,右边同左边一样,绕小端旋转一圈	第六步,整理好骨架,拉紧
第七步,从正面向左翻折,成环	第八步,最后将大端从中区域内侧翻折出来
第九步,系紧领带结,完成	

2. 操作技巧二:丝巾的搭配技巧与系法

据说,丝巾最早是经常披在维纳斯身上的一条透明纱带,纱带上包括了她的全套魔术,天后赫拉曾向她借用这条可降伏人类和诸神的纱带以迷惑宙斯。这些故事记录在荷马史诗里,犹如寓言,让丝巾从诞生之日就蒙上了美和爱的光晕,还有女性魅力以及女性智慧。

1) 丝巾的种类与装饰

一块简单的布却拥有时尚变化的元素,有各种的花样与系法,这就是丝巾。丝巾的材质有丝绸、麻、毛、棉、聚酯、丙烯基和尼龙等多种形式。丝巾在颜色、图案、形状等方面有许多不同的种类,正方形、长方形、三角形、剑尖形状的丝巾比较普及。丝巾的使用比较简洁大方,在装饰和提亮衣服效果、修正脸型上比较有特色,如图 2.59 所示。

2) 脸型与丝巾的围系法则

不同的脸型与不同丝巾花结匹配,能起到修饰脸型、增加魅力的效果,见表 2-15。丝巾的用法很多,如当披肩、当装饰等,如图 2.60 所示。

图 2.59 丝巾类型与装饰

表 2-15 丝巾的系法

脸型	丝巾的系法	花结选择
圆形脸	将丝巾下垂的部分尽量拉长,强调纵向感,保持线条的完整性	钻石结、菱形花、玫瑰花、心形结、十字结等
长形脸	左右展开的横向系法能展现出领部朦胧的飘逸感,让丝巾自然地下垂	百合花结、项链结、双头结、蝴蝶结等
倒三角形脸	利用丝巾让颈部充满层次感,如系一个华贵的领结款式	带叶的玫瑰花结、项链结、青花结等
四方形脸	颈部周围干净利索,在胸前打出些层次感强的花结,演绎出高贵的气质	基本花、九字结、长巾玫瑰花结等

图 2.60 丝巾的几种用法

3. 操作技巧三：女性着装的款式风格类型

按照西曼色彩的观点，女性着装的风格有八类。个人款型风格用形容词读法进行描述，各个风格各有特点，见表 2-16。

表2-16 女性着装风格分析

着装风格	形容词描述特征	给人印象	代表人物
戏剧型	夸张的、醒目的、特别的、令人印象深刻的、夺人眼目、有分量	夸张、大气、成熟	梅艳芳、索菲亚·罗兰
自然型	朴素的、清新的、随意的、简洁的、低调的、舒适的	大方、自然、亲和力强	徐静蕾、朱迪·福斯特
古典型	精致的、古典的、睿智的、优雅的、高级的、传统的、低调又奢华的、含蓄内敛	精致、成熟、距离感、高贵、端正	杨澜、撒切尔夫人、戴安娜王妃
优雅型	文静的、妩媚的、娴雅的、温柔的、小家碧玉、甜美精致的	贤妻良母、精致、温文、婉约	林黛玉、蒋雯丽、邓丽君、赵雅芝
浪漫型	丰腴性感的、迷人的、妩媚的、动人的	华丽、成熟、大气、迷人、性感	陈好、玛丽莲·梦露、钟丽缇
前卫型	时尚的、特别的、流行的、怪癖的、引人注意的	个性、小夸张、与众不同	吕燕、王菲、麦当娜、莫文蔚
前卫少女型	单纯的、甜美的、清新的、简单的、幼稚的、圆润的	可爱、活泼、害羞	杨钰莹、豆豆、肥肥、林心如、张娜拉
前卫少年型	潇洒的、帅气的、英俊的、倜傥的、干练的、简洁的、锐利的	帅气、简洁时尚、淘气、干练	孙燕姿、李宇春、袁咏仪

资料来源:《中国人形象规律教程——女性个人服饰风格分册》,于西曼著,中国轻工业出版社,2004

4. 操作技巧四

结合图示,说明图2.61的着装适合哪些场景。

图2.61 女性着装

【案例分析】

约翰T·摩劳斯(美)曾做过一个实验:他在纽约市联合国总部安排了一位演员,让其使一百名秘书从他那里要回文件。在前50个秘书面前,这位演员穿着黑色破损的皮鞋,缀着硕大的银鞋扣,穿着俗不可耐的青绿色西装,系着印花棉布领带。结果只有12人接受了他的命令。而出现在后50个秘书面前的这位演员,身着价格昂贵的蓝西装、白衬衣、丝质圆点花领带、尖式皮鞋、发型时髦,结果有42位秘书从他那里拿回了文件。

思考:

(1) 为什么同一个人先后穿着不同,他说话所起的作用就不同呢?
(2) 这个案例告诉我们什么道理?

2.4 表情礼仪

表情，主要指面部表情，是眼睛、眉毛、鼻子、嘴巴以及面部肌肉以及它们的综合运动所反映出来的心理活动和情感信息。美国心理学家艾伯特·梅拉比安在一系列实验基础上得出一个公式：信息总效果＝7％书面语言＋38％有声语言＋55％无声语言。而无声语言中，又有70％来自于面部表情，可见面部表情在人们交往过程中所占有的重要作用。人类的面部表情是具有共性的，人类表情与遗传关系密切。儿童的表情具有天生的表现力，不需要修饰，夸张但明确，如图2.62所示。

喜　　怒　　哀　　乐　　惊

图 2.62　儿童表情的表现

2.4.1 表情礼仪知识点拨

人际交往中面部表情最能够传神表意。林肯的一位朋友曾向他推荐某个人为内阁成员，林肯却没有用他。他的朋友很不理解，因为那个人的资力、经验、水平都很胜任，于是问林肯为什么。林肯说："我不喜欢他那副长相。""这不太苛刻了吗？他不能为自己天生的面孔负责呀！"林肯说："不，一个人过了40岁就该对自己的脸孔负责。"林肯的话说明了一个真理：人的面部表情同其他体态语言一样，是可以熏陶和改变的，是由人的内在变化、文化修养、气质特征所决定的。

在千变万化的表情中，眼神、微笑最具有表现力，能表现儿童的纯真，能传递温暖和情谊的正能量，如图2.63所示。

图 2.63　眼神与微笑的展示

1. 眼神礼仪知识

眼神，通常是对眼睛总体活动的一种统称。眼睛是心灵的窗户，它能够最明显、最自然、最准确地展示自身的心理活动。泰戈尔指出，一旦学会了眼睛的语言，表情的变化将是无穷无尽的。社交活动中，眼神礼仪的总体要求是坦然、亲切、和蔼、有神，一般涉及部位、方式、时间三个方面。

1) 注视的部位

目光的凝视区域通常分为公务凝视区域、社会凝视区域和亲密凝视区域，如图 2.64 所示。

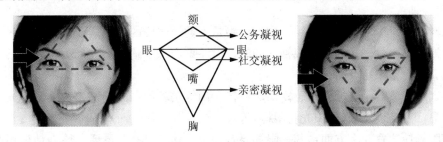

图 2.64 目光的凝视区

（1）公务凝视：在公务场合，眼睛应看着对方双眼或双眼与额头之间的区域。这样凝视显得严肃、认真、公事公办，别人也会感到你有诚意。

（2）社交凝视：在茶话会、友谊聚会等场合，眼光应看着对方双眼到唇这个三角区域。这样凝视会使对方感到礼貌、舒适。

（3）亲密凝视：在亲人、恋人和家庭成员之间，眼光应注视对方双眼到胸部第二纽扣之间的区域。亲友间这样凝视表示亲近、友善，对陌生人来说就欠妥。

2) 注视的方式

注视的方向（角度）往往能准确地表达出对他人的尊重，见表 2-17。

表 2-17 注视角度的内容与含义

	注视角度	含义与理解
1	平视	表示理性、平等、自信、坦率。适用于普通场合与身份、地位平等的人之间的交往。视线水平表现客观和理智
2	俯视	抬眼向下注视他人。一般表示对晚辈的爱护、宽容，也可对他人表示轻慢、歧视，表现权威感和优越感
3	仰视	抬眼向上注视他人。它表示尊敬期待，适用于面对尊长之时 视线向上也表现服从与任人摆布
4	环视	有节奏地注视不同的人员或事物，适用于同时与多人打交道
5	盯视	长时间地凝视某人的某一部位。它表示挑衅，不宜多用
6	虚视	目光不聚集于某处，眼神不集中，多表示走神、疲乏或无聊
7	扫视	注视时上下左右反复打量，它表示好奇、吃惊，不可多用
8	斜视	斜眼看人，多表示怀疑、轻视。忌用，尤其与初识之人（睨视）
9	眯视	即眯着眼睛看，它表示看不清或惊奇
10	他视	即与人交往时不注视对方，而是东张西望，看着别处。它表示心不在焉、反感、心虚
11	无视	即在交往中双眼不看对方，闭目而视。表示疲惫、反感、生气、没兴趣，甚至会被对方理解为厌烦、拒绝

3）注视的时间

在人际交往中，注视对方时间的长短相当重要。在交谈中，听的一方通常应多注视说的一方，目光与对方接触时间，一般占全部相处时间的1/3至2/3。

若注视对方的时间占全部相处时间的1/3左右，通常表示欢迎和友好。若注视对方的时间不到全部相处时间的1/3，往往意味着对其瞧不起或没有兴趣。若注视对方的时间占全部相处时间的2/3左右，通常表示关注对方。若注视对方的时间超过了全部相处时间的2/3以上，通常有两种情况：①可能对对方有敌意或为寻衅滋事；②可能对对方本人发生了兴趣。

4）眼神训练

"一身精神，具乎两目。"眼神一向被认为是人类最明确的情感表现和交际信号，在面部表情中占据主导地位。我们运用眼神的同时，应注重训练眼睛的表现能力，使自己的眼神更灵活、晶亮，更富于感染力。

眼神训练方法有手掌按摩法、模仿动物扩大训练法、起眉绷眼练习法、眼睛光亮的训练法、眼睛灵活度的训练法（做阳光亮眼操）等。

练习眼神应注意几个方面：其一眼神要有礼貌，其二眼神要灵活。恰当地运用眼神，除表现的技巧外，加强文化、品德修养非常重要。

2. 微笑礼仪知识

笑容，是人们喜悦心情的面部表露，有时还会伴以口中所发出的欢快声音，所以有"欢声笑语"一词。俗语说，笑一笑，十年少，适时多笑，可以健身养性。人类的笑容之所以令人愉快，为世界各民族所理解和认同，不但是因为这种表情在外观上给人以美感，还在于这种表情表达的可喜信息和美好感情恰恰是笑的本质，即真诚、自信、热情、友好、欢乐、幸福和满足的充分体现。微笑是世界的通用语言。

1）笑容的种类

笑容的种类如图2.65所示。

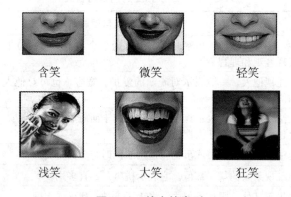

图2.65 笑容的类型

（1）含笑。不出声不露齿，面带笑意，表示接受对方，待人友善，适用范围较为广泛。

（2）微笑。这是一种会心的笑容。笑的时候，唇部呈向上的弧形，不露牙齿，表示自乐、充实、满意、友好，适用范围最广。

（3）轻笑，或称"招呼朋友的笑"。常用它作为朋友、客户、亲人相见时的一种欣喜的招呼。笑时嘴巴通常只微微张开，只有上面的牙齿露出来。

（4）浅笑。笑时抿嘴，下唇大多被含于牙齿之中，多见于年轻女性表示害羞之时，通常又称为抿嘴而笑。

（5）大笑。发生在尽情欢快的情况下，笑的时候一般不面对他人。嘴巴张开，上下牙齿均能看见，有"哈哈"声音发出。大笑一般不宜在商务场合中使用。

在上面五种常规的笑容中，前四种比较常见，并以微笑和轻笑最受欢迎。

笑的共性是面露喜悦之色，表情轻松愉快。人际交往中，只有发自内心的笑容，声情并茂的笑容，人的眉、眼、鼻、口、齿以及面部肌肉和声音协调的笑容，才会给对方温暖、愉悦的感觉。

2）笑容的训练

面部表情最传神的笑容是决定面部表情礼仪的关键。微笑既能缩短人与人之间的心理距离，又能创造出交流和沟通的良好氛围，微笑的习惯需要有意识地进行培养。

（1）微笑训练方法。

① 照镜训练法。对着镜子，心里想着使你高兴的情景，鼓动双颊，嘴角两端做出微笑的口型，找出自己认为最满意的微笑，天天练习，使之自然长久地呈现在你的脸上。

美国著名影星玛丽莲·梦露曾说过："当我13岁的时候，就开始练习怎样笑得更迷人，并且为自己树立了一个样板，终日对照着镜子反复练习，使我的微笑形成无声的美好语言。"

微笑训练首先要放松面部肌肉，每个人练习各种笑容的过程中，都会发现最适合自己的微笑。训练中，不管是小微笑、露出六颗左右上门牙的普通微笑，还是露出十颗左右上门牙、微露下门牙的大微笑，挑选自己满意的微笑，反复练习修正，一定能够找到发自内心的有魅力的微笑。

② 发声训练法。面对镜子，深呼吸，然后慢慢地吐气，发出普通话"一"、"七"、"啊"、"叶"、"钱"、"茄子"、"田七"等的音，还可发出英语单词"lucky"、"Cheese"的声音。这些字、词形成的口型，正是微笑的最佳口型。

③ 心意词训练法。即经常默念或大声念出充满温暖的词汇，如爱心、尊敬心、深切心、赦免心、和平心、施舍心、信仰心、明朗心、自在心、宽恕心、勇往向前心、报恩心、虔诚心、欢喜心、感谢心等，词汇的训练能在嘴角形成美丽的笑纹，效果较好。

情绪记忆法、卡片法等效果也很好，值得尝试。

（2）微笑训练注意点。

发自内心。礼仪专家指出，职业化微笑一般要求露出上面6～8颗牙齿，因为那样的笑最自然。但最"高级"微笑应该是发自内心的。笑眼传情，声情并茂的微笑才能亲切、动人而富有感染力。

有爱心，乐助人，好感恩，加之坚持不懈的训练，是笑容成功的唯一秘诀。

3）笑的禁忌

一个人如果发笑的方法不对，笑得比哭还难看，也会显得非常假，甚至很虚伪。

（1）假笑：虚伪，皮笑肉不笑。

（2）冷笑：含怒意、讽刺、不满、无可奈何的笑，这种笑易让人产生敌意。

（3）怪笑：笑得阴阳怪气，令人心里发麻，多含恐吓、嘲讽之意。

（4）媚笑：有意讨好人家的笑，没发自内心，带有一定的功利性目的。

(5) 窃笑：偷偷笑，多表示为洋洋得意、幸灾乐祸，或看他人的笑话。

(6) 狞笑：笑时面容凶恶，多表示恐吓他人。

3. 面容其他部位的礼仪知识

面容，指的是人们面部所显示出的综合性表情。它对眼神、笑容发挥辅助作用，既有自己的独特含义、局部显示，又可自成一体、综合显示。

1）面容的局部显示

人的眉毛、鼻子、嘴巴、耳朵都可以独立地显示各自的表情，见表2-18。

表2-18 面容的表情含义

面容类型	内容及含义
眉毛	皱眉型：双眉紧皱，多表示困窘、不赞成、不愉快
	耸眉型：眉峰上耸，多表示恐惧、惊讶或欣喜
	竖眉型：眉角下拉，多表示气恼、愤怒
	挑眉型：单眉上挑，多表示询问
	动眉型：眉毛上下快动，一般用来表示愉快、同意或亲切
鼻子	挺鼻：表示倔强或自大
	缩鼻：表示拒绝或放弃
	皱鼻：表示好奇或吃惊
	抬鼻：表示轻视或歧视
	摸鼻：表示亲切或重视，或局促不安
嘴巴	张嘴：嘴巴大开，表示惊讶
	抿嘴：含住嘴唇，表示努力或坚持
	撅嘴：撅起嘴巴，表示生气或不满
	撇嘴：嘴角一撇，表示鄙夷或轻视
	拉嘴：拉着嘴角，上拉表示倾听，下拉表示不满

2）面容的综合显示

在上面几个部分中，眉毛的表现力最强，嘴巴次之，鼻子、耳朵的表现力较弱。有时，它们组合在一起显示特定的表情。

(1) 表示快乐：眼睛大，嘴巴张开，眉毛常向上扬。

(2) 表示兴奋：眼睛大，眉毛上扬，嘴角微微上翘。

(3) 表示兴趣：嘴角向上，眉毛上场，眼睛轻轻一瞥。

(4) 表示严肃：嘴角抿紧下拉，眉毛拉平，注视额头。

(5) 表示敌意：嘴角拉平或向下，皱眉皱鼻，稍一瞥。

(6) 表示发怒：嘴角向两侧拉，眉毛倒竖，眼睛大睁。

(7) 表示观察：微笑，眉毛拉平，平视或视角向下。

(8) 表示无所谓：平视，眉毛展平，整体面容平和。

2.4.2 表情礼仪操作技巧

1. 表情礼仪技巧一：看人目光的平视与仰视

一般而言，看人时目光仰视对方，包含傲慢、藐视对方之意；目光平视对方，包含尊重、客观、平等之意；目光俯视对方，包含胆小、畏惧、遮掩某事等，如图2.66所示。

图2.66 目光视角

2. 表情礼仪技巧二：眼神的状态

图2.67中十张图的目光等表情各不相同，有高兴的、生气的、忧郁的、思考的、发呆的、痛苦的、期待的等，讨论并分析其含义。

图2.67 眼神的状态

3. 表情礼仪技巧三：职业微笑的三种类型

职业微笑一般包括四颗牙的微笑、八颗牙的灿烂微笑和不露牙齿眼角带笑等，每一种都需要用心修炼，如图2.68所示。

4. 表情礼仪技巧四：嘴巴的语言信息分析

我们的表情中，嘴巴也通过各种动作传递出很多信息，如撇嘴表示不满或不屑；呐喊时嘴巴张得很大，表示气愤等。嘴巴的表情动作如图2.69所示。

图2.68 职业的微笑

图2.69 嘴巴的表情动作

5. 表情礼仪技巧五：表情的综合信息分析

人的表情是综合的，眼睛、嘴巴、手势甚至坐姿等都在辅助面部表情的状态，传递信息，如图2.70所示。

图2.70 表情的综合表示语

【案例分析】

王总的公司要招聘一位市场部经理，他被一位名校硕士的简历吸引了。从简历上看，这名硕士专业对口，有相关理论著述，而且在两家单位任过职，有一定经验。于是人力资源部通知他3天后来公司面试。

面试这天，王总亲自主持。在面试的交谈中，他发现这名硕士有个特点，不管什么时候都是锁着双眉，不会微笑，感觉出很沉闷的样子，交谈中的眼神也经常回避，躲闪。最后公司没录取这名硕士。

请问：你认为原因是什么？

2.5 言谈礼仪

俗话说"言为心声",语言是人们思想情感的反映,是人类用以表达思想、交流情感、沟通信息的特有工具。所谓言谈礼仪是指靠言语、体态和聆听艺术构成的沟通方式,指两个或两个以上的人所进行的对话,是双方知识、阅历、教养、聪明才智和应变能力的综合表现。

2.5.1 言谈礼仪知识点拨

交际场合的谈话是一门艺术,它不仅要求人们在谈话时注意态度、措辞、场合,还要求人们讲究谈话的内容。不能在人际交往的过程中,只从自己单方的动机出发,想怎么说就怎么说。只有遵守交谈的礼貌原则、把握交谈的基本技巧、注意交谈的禁忌,才能通过有效的思想交流,增进彼此的了解,逐步建立起联系与友情。

1. 交谈的礼貌原则

1)称呼要准确

称呼准确,即用适当、贴切的称呼与对方打招呼。

正确、适当的称呼,不仅反映着自身的教养、对对方尊重的程度,甚至还体现着双方关系达到的程度和社会风尚。

(1)现代汉语称呼语主要内容,见表 2-19。

表 2-19 称呼内容

称呼语	职务称呼	总书记、部长、厂长、校长、经理等
	职称称呼	教授、总工程师、主任医师、编审等
	职业称呼	理发师、邮递员、会计师、律师等
	礼貌称呼	敬辞——您、师傅、先生、女士、老师等
		同事语——同志、小、老等
	人名	全名、姓、名
	亲属语	爷爷、奶奶、爸爸、妈妈、哥哥、姐姐等

称呼语要考虑年龄、职务、地位、场合、性别等。称呼结构形式有单一型和复合型。单一型指可单独作称呼用,如职务称呼、部分职称称呼、亲属语等。复合型指两个或两个以上的子称呼合在一起作称呼用,如"小+姓"、"姓+老"等。对学识、身份、地位很高的专家、学者,称呼为"姓+老"更为妥当。

(2)三种称呼禁忌。在使用称呼时,一定要避免几种失敬的做法,见表 2-20。

2)文明性用语

文明性用语,即用礼貌语,多先用敬语、谦语、雅语,禁用秽语。

(1)礼貌语,即是指社会上约定俗成用以表示谦虚恭敬的专门用语。在交谈中,常用的

表 2-20 不礼貌称呼表现

类型	内容表现
错误的称呼	误读即念错姓名或者某个字、音 误会是判断失误被称呼者的年纪、辈分、婚否等关系的通称
不通行的称呼	中国地域称呼的差异性。如北方人习惯称呼成年女性为"大姐",南方人习惯称呼为"小姐"、"女士" 东西方国家称呼的差异。如中国,称呼自己的配偶为"爱人",西方人听起来不可思议,因为"爱人"是第三者的意思
昵称、外号	昵称,是关系密切的亲朋好友之间使用的称呼语。如"宝贝儿"、"哥们儿"、"兄弟"等,这种称呼只能在非正式、休闲场合使用 外号,拿对方的名字、职位身份等给他人取的称呼

礼貌语有"请"、"谢谢"、"对不起"、"您好"、"麻烦你了"、"拜托了"、"您认为怎样"等等。同时,可根据礼貌用语表达语意的不同,选择不同的礼貌语。礼貌语内容见表 2-21。

表 2-21 礼貌语内容

礼貌用语	内　　容
问候语	"你好"、"早上好"、"下午好"、"晚上好"等
欢迎语	"欢迎您"、"欢迎各位光临"、"见到您很高兴"等
请托语	"劳驾"、"借光"、"有劳您"、"让您费心"、"请多关照"、"拜托你"等
赞美语	"很好"、"不错"、"太棒了"、"真了不起"、"真漂亮"等
致歉语	"对不起"、"请原谅"、"很抱歉"、"失礼了"、"您久等了"等
征询语	"您有事需要帮忙吗"、"我能为您做些什么"、"您还有什么事吗"、"我可以进来吗"、"您不介意,我可以看一下吗"、"您看这样做行吗"等
拒绝语	"对不起,经理正在开一个重要的会议,您能否改日再来?" "请您与经理约定以后再联系好吗?"
告别语	"再次感谢您的光临,欢迎您再来!" "非常高兴认识你,希望以后多联系。" "十分感谢,咱们后会有期"等

使用礼貌用语有巧夺天工之效,下面的故事就验证了这点。在美国经济大萧条时期,有位 17 岁的姑娘好不容易才找了一份在高级珠宝店当售货员的工作。圣诞节的前一天,店里来了一位 30 岁左右的贫民男子,用一种不可捉摸的目光,盯着那些高级首饰。

这时电话铃声响了。姑娘急忙去接电话。一不小心,碰翻了一个碟子,6 枚精美的金戒指落到地上,她慌忙去捡,但却只有 5 枚,第 6 枚怎么也找不着了。当她看到那个贫民男子正急匆匆地往门口走时,心里顿然醒悟。当那位男子的手即将触及门柄的瞬间,姑娘柔声叫道:"对不起,先生!"

那男子转过身来,两人相视无言,足足有一分钟。

"什么事?"男子问,脸上的肌肉在抽动。

"什么事?"他再次问道。

"先生,这是我头一回工作,现在找个事儿做很难,是不是?"姑娘神色黯然地说。

男子长久地审视着姑娘,终于,一丝柔和的微笑浮现在他的脸上。"是的,的确如此。"

他回答，"但是我能肯定，你在这里会干得不错。"停了一下，他向前一步，把手伸给姑娘："我可以为你祝福吗？"姑娘微笑着把手伸了过去。男子握过手，转身慢慢向门口走去。

姑娘目送着他的身影消失在门外，手中紧紧握着那第6枚戒指。

（2）敬词。敬词，亦称"敬辞"，它与"谦辞"相对，是表示尊敬和礼貌的用语。除了礼貌语，多用敬语能体现出一个人的文化修养。敬语通常较多地用于比较正规的场合。敬语类型见表2-22。

表2-22 敬语类型

拜	拜读：读对方作品	宝	宝号：称对方的店铺
	拜会：和对方见面		宝眷：称对方的家眷
	拜望：看望或探望对方	光	光临：称对方到来
	拜托：请对方帮忙		光顾：商家多用以欢迎顾客
贵	贵姓：询问对方的姓	奉	奉告：告诉对方
	贵庚：询问对方的年龄		奉还：对方的物品归还
	贵恙：称对方的病		奉送：赠送对方礼物
呈	呈正：把自己的作品送交别人批评指正	垂	垂问：表示别人（多指长辈或上级）对自己的询问
	呈报：指用公文向上级报告		垂爱：称对方（多指长辈或上级）对自己的爱护（多用于书信）
	呈请：用公文向上级请示		垂询：称对方（多指顾客）对本企业事务的询问
惠	惠赠：指对方赠予（财物）	令	令堂：尊称对方的母亲
	惠存：用于送对方相片、书籍等		令尊：尊称对方的父亲
	惠顾：商家称顾客到来		令媛：尊称对方女儿
	惠临：指对方到自己这里来		令爱：尊称对方女儿
	惠允：指对方允许自己做某事		令郎：尊称对方的儿子
高	高就：询问对方在哪里工作		高见：指对方的见解
	高攀：和他人交朋友或结成亲戚		高足：称对方的学生或徒弟
	高龄、高寿：指老人家年龄		高堂：称对方父母
璧还：用于归还对方物品		恭候：用于等待对方	
斧正：请对方修改文章		俯就：请对方同意担任某一职务	
借问：用于向别人打听事情		雅正：把自己的书画等送人时表示请对方指教	
千金：称别人的女儿		鼎力：用于向对方表示感谢	
华诞：称对方的生日		海涵：用于请人原谅	

（3）谦词，谦词和敬词一样都体现了说话人本身的文明修养。它们是同一事物的两个方面，即对人使用敬语时，对己则使用谦词。谦词的用途，比敬词要稍少一些，它较多地出现在书面语中。谦词内容见表2-33。

（4）雅语，即文雅之语，包括生活雅语、别之雅语和笔之雅语等，见表2-24。

表 2-23　谦词内容

家	家父、家严：称自己的父亲	鄙	鄙人：谦称自己
	家慈：称自己的母亲		鄙意：自己的意见
	家兄：称自己的兄长		鄙见：自己的见解
敝	敝人：谦称自己	拙	拙笔：谦称自己的字或书画
	敝姓：谦称自己的姓		拙著、拙作：谦称自己的文章
	敝校：谦称自己的学校		拙见：谦称自己的见解
愚	愚兄：向比自己年轻的人称自己		
	愚见：自己的见解		
舍	舍侄：称自己的侄子		
	舍弟：称自己的弟弟	久仰：仰慕已久（初次见面时说）
	舍亲：称自己的亲人	久违：好久没见
	舍间：谦称自己的家，也称"舍下"	过奖、过誉：用于自己受到表扬或夸奖
见	见教：客套话，指教（我）	马齿徒增：称自己白白增长年岁
	见谅：客套话，表示请人谅解	涂鸦：称自己字写得不好或画画得不好
敢	敢问：用于向对方询问问题	刍荛之见：称自己浅陋的看法
	敢请：用于请求对方做某事	错爱：表示感谢对方的关心、爱护
	敢烦：用于麻烦对方做某事	寒门：称自己贫寒的家庭
小	小人：地位低的人自称	寒舍：谦辞，称自己的家
	小店：谦称自己的商店	

表 2-24　雅语内容

生活雅语	请人原谅说"包涵"，求人帮忙说"劳驾"，向人提问说"请教"； 得人惠顾说"借光"，无暇陪同说"失陪"，归还物品说"奉还"； 需要考虑说"斟酌"，请人勿送说"留步"，对方到场说"光临"； 未及迎接说"失迎"，请人接受说"笑纳"，祝人健康说"保重"，接受好意说"领情"
别之雅语	分手辞别曰"告别"，握手告辞曰"握别"，拱手告辞曰"揖别"， 挥手告辞曰"挥别"，亲吻离去曰"吻别"，叩拜辞行曰"拜别"， 设宴送行曰"饯别"，致谢告辞曰"谢别"，临别赠礼曰"赠别"， 离别留言曰"留别"，前往送行曰"送别"，丢开离去曰"抛别"， 不愿分别曰"惜别"、"恋别"，长久分别曰"阔别"、"长别"， 永久分别曰"永别"、"诀别"
笔之雅语	开始写作叫"动笔"，提笔撰文和作画叫"命笔"，轻松自如的文字叫"逸笔"， 写作过程的中断叫"辍笔"，文章臃肿的文字叫"赘笔"，个人亲自动手写叫"亲笔"，对上写信的谦称叫"谨笔"，本人口授他人写叫"代笔"，对下写信的谦称叫"草笔"，文章韵味风格叫"文笔"，皇帝书写的文字叫"御笔" 在前段文章中为后段文章埋伏的线索叫"伏笔"，读后感写的文字叫"随笔"， 与题旨无关的话叫"闲笔"，结束后补充文字的话叫"余笔"， 细致的文字绘画叫"工笔"，请人书画的稿酬叫"润笔"，无聊庸俗的文字叫"歪笔"，动手拟订集体名义的文稿叫"执笔"，文章写得好的地方叫"妙笔"， 练习性的写作叫"练笔"，愉快地作文或画画叫"欣然命笔"， 好的文章或语句叫"成功之笔"

(5) 禁用秽语，秽语包括粗话、脏话、怪话等，是不礼貌语言，见表2-25。

表2-25 秽语表现

粗话	为显示自己为人粗犷、豪放，出言必粗
脏话	口带脏字，讲起话来骂骂咧咧、出口成"脏"
黑话	流行于黑社会的行话
荤话	说话"带色"、"贩黄"，常谈色情、艳事、绯闻、男女之事
怪话	说话怪声怪气，内容荒诞不经，也指无原则的牢骚或议论
气话	说话时闹意气，大发牢骚

3) 态度要端正

态度端正，即在交谈中要注意自己的举止表情和心态。言谈态度是指一个人在与别人交谈过程中的举止表情及对交谈对象的基本看法。态度决定一切，从某种程度上讲，交谈的态度有时甚至比交谈的内容更为重要。

(1) 心态自然。正确的交谈态度首先是接纳对方，要以健康、平等、宽容的心态和对方进行友好交谈，语气平等，不目中无人也不阿谀奉承。

(2) 目光专注。在交谈时，要目视对方、全神贯注，聚精会神。切忌目光游离或呆滞。

(3) 仪态呼应。在交谈时可适当运用眉毛、嘴、眼睛在形态上的变化，表达自己对对方所言的理解。如当认同对方的谈话内容时，应以微笑、点头等动作来表示呼应；当对方讲述忧愁、感伤的往事时，可面露同情来表示自己对对象的感同深受。

(4) 语言配合。在对方"说"的过程中，适当地用"是"、"对"、"哦"字来表示自己在认真听。在需要时，还应就话题发表自己的感想、观点来具体地和对方进行配合。

2. 交谈的规范礼节

1) 认真倾听，先想后说

一个全神贯注的听者，才能赢得说者的好感。"会说话的人会想着说，不会说话的人抢着说。"现实中许多谈话失误起因于未假思索或考虑不周。先想后说，就是要求人们在进行谈话时就留心自己的言行举止，并密切注视对方的反应，还有谈话时间、场合等因素，才可能做到"言达意、文对题"。

倾听有听而不闻、假装听、有选择地听、专注听和设身处地的听五个基本层次，一般结合场合需要，选择不同的方式。对大部分人来说，专注的听和设身处地的有效倾听对方讲话，是最受欢迎的。

言谈中专注地听对方说话，应该做到：①集中精力，做好身体准备、心理准备、态度准备以及情绪准备等以便专心倾听对方讲话；②使用"我明白"、"是的"等口语，表示很有兴趣听，来鼓励说话者谈论更多内容；③回顾一下对方所讲重点，暗示倾听者很关心。这些是有效倾听的基础，也是实现良好沟通的关键。

2) 话题适宜，注意禁忌

人们在交谈时往往会围绕一个话题。若话题被大家接受，谈话就会顺畅，若选择了不合适的话题，大家的兴趣就不容易调动，易出现冷场，所以选择合适的话题十分重要。

表 2-26 适合选择的话题

选话题	内容
既定的话题	正式的交谈，如工作、谈判等
高雅的话题	如文学、艺术、历史等
轻松的话题	如娱乐、旅游、时装等
时尚的话题	舆论热点为交谈中心
擅长的话题	交谈对象有研究、有兴趣、喜好、关心的话题

3）柔言谈吐，宽以待人

"良言一句三冬暖，恶语伤人六月寒。"亲切的语气、柔和的语调、含蓄的语言、自然的说理往往具有较强征服力，易入耳生效，达到以柔克刚的交际效果。

其次，在交谈中对交谈对方应有"宽"的度量，具体体现为英国著名语言学家里奇的六条"礼貌准则"。

（1）策略准则：尽量少让别人吃亏，尽量让别人多得益。
（2）慷慨准则：尽量减少自己的收益，尽量增加自己的付出。
（3）赞誉准则：尽量少贬损别人，尽量多赞誉别人。
（4）谦逊准则：尽量少赞誉自己，尽量多批评自己。
（5）一致准则：尽量减少双方的分歧，尽量增加双方的一致。
（6）同情准则：尽量减少对对方的反感，尽量增加对对方的同情。

3. 交谈的禁忌

交谈中言语和行为的忌讳见表 2-27。

表 2-27 交谈中言语和行为的忌讳

	言语十忌	行为十忌
1	忌打断话头，抢人上风	忌手势过大、音量过高、距离过近
2	忌东张西望，答非所问	忌唾沫飞溅、抓头皮、剔牙、挖鼻孔
3	忌没完没了，啰嗦重复	忌对着人打喷嚏、吐污物等
4	忌漫不经心，应付敷衍	忌不停地看表、打哈欠、伸懒腰
5	忌信口开河，没有中心	忌左顾右盼、摇头、低头、偏头、转头等
6	忌耻笑缺陷，侮辱人格	忌身体来回晃动、摇摆
7	忌议论他人，挑拨离间	忌交头接耳、讥笑他人
8	忌自吹自擂，狂妄骄横	忌背对着客人大笑、狂笑
9	忌避实就虚，打太极拳	忌不打招呼，旁听他人的交谈
10	忌轻下结论，自以为是	忌中途退场，不表歉意

4. 言谈的目光区域

言语的交谈少不了眼神的交流，眼神的交流凝视的区域不同代表的含义不同，具体区域和范围参考见眼神礼仪中的图 2.64。

5. 言谈中如何说服、拒绝他人的建议

语言交谈中，双方常会遇到意见不一致的情况，常用以下六种技巧说服对方，包括调节气氛，以退为进；争取同情，以弱克强；善意威胁，以刚制刚；消除防范，以情感化；投其所好，以心换心；寻求一致，以短补长。

另外，在语言交流中，还会遇到的问题是对对方的要求感到为难时，可以拒绝对方，但是耿直的生硬的拒绝很容易伤害彼此的面子，所以拒绝是要讲究技巧的，既要拒绝对方不适当的要求，又不能伤害对方的自尊，同时又不损害彼此的正常关系。拒绝的方法很多，有五点建议供参考，见表 2-28。

表 2-28　语言交谈婉拒对方的建议

语言交谈婉拒对方的方法	作用与好处
幽默诙谐式	幽默的语言可以调节气氛，彼此都感觉不到有压力，并且能让对方在笑过之后得到启示
热情友好式	对人要热情友好，对意见要坚决拒绝，好态度赢得对方支持
相互矛盾式	即诱导对方自我否定，先理解对方，希望满足他，再说出不容置疑的客观原因，让对方主动放弃，又不伤和气
寻找出路式	即找个替代方案，弱化可能产生的不愉快，另找其他出路也解决了问题
岔开话题式	以迂回婉转的方式，了解意图，岔开话题，双方都不为难

2.5.2　言谈礼仪操作技巧

1. 言谈礼仪技巧一：以找共同点配合对方兴趣来寻找话题

寻找双方可以交流的话题从几个方面入手，如找共同点、就地取材、循趣入题等。如以问候与寒暄接近对方，熟记对方的姓名等，可以建立良好谈话的基础；真诚赞美对方，措词得当，学会欣赏他人优点等，也能收到良好效果。善于寻找对方感兴趣的话题，是交谈成功的关键。

2. 言谈礼仪技巧二：巧妙设计双方面对面交谈的座位

（1）双方面对面坐在桌子的两侧。优点：双方可以全方位地捕捉对方的面部表情和肢体语言变化。缺点：易产生双方地位不均等的感觉，不利于自信心不足、性格相对内向的交谈者发挥水平。特别是有些领导的独立办公室，领导坐在办公桌后边的老板椅里居高临下，对面是坐在位置较低的椅子上的对象，这种因位置不同而产生的压抑和不平等的感觉可能更强烈。

一般来讲，这种座位安排比较适合面试管理、销售、客服等在工作中需要承受较大压力的人员，尤其适合压力面试，借以考查求职者的抗压能力。面对面交谈如图 2.71 所示。

（2）双方斜对角坐在桌子的相邻两侧。这种座位安排的优点是面试双方会感觉平等、亲切，容易创造出融洽、友好的交流环境，便于双方敞开心扉交谈；缺点是只能适合一对一的交流，不方便实行多对一交谈。相邻斜对角交谈如图 2.72 所示。

图 2.71　面对面交谈

图 2.72　相邻斜对角坐的交谈

（3）双方并排坐在桌子的一侧。这种座位安排的优点是双方距离进一步拉近，甚至达到无拘无束、畅所欲言的地步，一般适用于比较熟悉和亲密的人之间进行，在其他关系的人之中很少采用，而且也只能适合一对一的交流。并排坐的交谈如图 2.73 所示。

图 2.73　并排坐的交谈

3. 言谈礼仪技巧三：善于理解不同的手势并运用肢体语言体现有效倾听

在人际交往中，很多人无意中会流露出很多的手势语，及时把握和理解，有助交谈顺利进行。如，用食指往上搓鼻子表示自负或自以为是；嘴唇合拢，将食指贴着嘴唇，告知别作声；向上翘起拇指表示赞同；双手在身前嘴部高度轻点的动作表示祝贺；双手握拳使劲摇动的动作，表示受挫折或遇到难事；掌心向外摆动，两只手臂在胸前交叉意思是"绝对不行"，等等。

倾听中要注意自己的肢体语言，不论是站着交谈还是坐下谈，都要运用好身体语言，给对方的信息是我认真、愿意听你说。如，身体前倾，表情耐心；面朝讲话者，眼睛应该明亮注视对方眼睛，轻轻点头；手中不玩东西，重点问题用笔记录下来等。有效倾听的身体状态与眼神的注视如图 2.74 所示。

图 2-74　有效倾听的身体状态与眼神的注视

4. 言谈礼仪技巧四：赞美

(1) 赞美是真诚的。
(2) 赞美要适时。
(3) 赞美要适度。
(4) 善于找到赞美点。找一般的赞美点有三个方面，见表 2-29。
(5) 运用第三者赞美，对方容易接受。
(6) 不滥用赞美。

表 2-29　赞美点的三项内容

赞美点内容	具体化
外在的具体的	衣服打扮、头发、身体、皮肤、眼睛、眉毛等，细化到穿着衣服的款式、色彩、领带、手表、眼镜、鞋子方面
内在的抽象的	品格、作风、气质、学历、经验、气量、心胸、兴趣爱好、特长、做的事情、处理问题的能力等
间接的关联的	籍贯、工作单位、邻居、朋友、职业、用的物品、养的宠物、下级员工、亲戚关系的人等

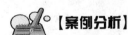【案例分析】

早晨一上班，研发部的田雨来找办公室主任李强。他怒气冲冲地说："我们部与美国吉姆公司合作项目的批文怎么还下不来？你们办事怎么这样拖拖拉拉？这个项目要是黄了，你来负这个责？"

其实这个报告李强早就送给孙总了，但这几天孙总天天开会，根本没时间看。

(1) 你吵什么吵？问清楚事情原因了吗，对我发火？
(2) 田雨，别急，你听我和你说，……
(3) 报告我早就送给孙总了，至于他什么时候答复不是我的责任。

（4）我早就把报告送给孙总了，不要总是拿我们来出气好不好？

结合以上四种语言方式进行情境模拟，分析效果情况并评价。

本章小结

本章讲述了个人礼仪方面五个部分的内容，包括仪容、仪态、着装、表情和言谈，分析了个人礼仪这几个部分主要包括的内容，论述了基本的原则和操作技巧。其中，仪容部分以五个操作技巧全面讲解护发、护肤、化妆和护理手脚的知识；仪态从站、走、坐、蹲等方面结合图片细致讲解；着装从男女服饰搭配入手，结合着装风格，讲解到领带和丝巾的用法，突出实用性；表情礼仪介绍了社交中的微笑、眼神礼仪主要内容和运用技巧；言谈礼仪以表格形式讲解，内容直观，并辅助图片说明。每节后的小案例有重点地选择部分内容进行了细致探讨，有助加深理论点，强化理解。

复习思考题

1. 简述仪容礼仪的基本要求内容。
2. 社交中常用的手势语有哪些？举2~3个例子简单说明。
3. 简述社交礼仪中着装的TPO原则内容。
4. 列举出进行微笑训练的2~3种方法，谈谈你对这些方法的认识与体会。
5. 社交中进行语言交谈的规范礼节有哪些内容？

第3章

基本社交礼仪

JIBEN SHEJIAO LIYI

【学习目标】

(1) 了解社交中见面称呼、介绍、名片和握手礼仪的内容。
(2) 掌握称呼、介绍、名片和握手礼仪的基本规范和禁忌。
(3) 了解拜访、探望礼仪在社交中的运用。
(4) 掌握拜访、探望礼仪的基本规范和禁忌。
(5) 重点体会介绍、名片和握手三者结合运用的技巧。

3.1 见面礼仪

3.1.1 见面礼仪知识点拨

社交中，人们见面首先要称呼对方，并及时行礼问候。本节的见面礼仪主要从这两个方面进行讲解。见面后介绍和握手单独在后面的章节阐述。

1. 称呼礼仪的基本要求

称呼一般是指人们在交往应酬中彼此间所使用的称谓语。称谓语既是人际交往的先锋官，也是社交活动的"敲门砖"。在不同场合选择恰当的称呼，不仅要考虑社会习俗、人伦道德、个人喜好等因素，还要体现出鲜明的民族性、社会性和时代性。

称呼的特征有简洁性、褒贬性、开启性。使用称谓语的基本要求：①遵守常规；②入乡随俗；③尊重习惯；④区分场合。

1) 正规称呼

在工作岗位上，人们广泛采用五种正规的称呼方式，见表 3-1。

表 3-1 工作称呼表

序号	称呼	举例
1	称呼行政职务	常用于表示交往双方身份有别，如"赵局长"、"孙经理"等
2	称呼技术职称	以示对其敬意有加，例如"赵教授"、"王总监"等
3	称呼职业名称	"秘书"、"老师"、"教练"、"律师"、"会计"、"医生"等
4	称呼通行尊称	通常适用于各类被称呼者，诸如"同志"、"先生"等
5	称呼对方姓名	称呼同事、熟人、平辈之间可以直接称呼其姓名，以示关系亲近，可直呼其姓名，也可只称名

使用尊称时的场景示意图如图 3.1 所示。常用称呼种类有尊称、泛称，其常用称呼类型见表 3-2。

图 3.1 使用尊称时的场景示意图

表 3-2 常用称呼参考表

称呼种类	社交场合	常用称呼类型	举例
尊称	正式/非正式	① 您＋老 ② 姓＋老 ③ 双音节名中的头一个字＋老	① 您老最近如何？ ② 冯老、刘老 ③ 望老（陈望道先生）
泛称	正式	① 姓或姓名＋职称/职业/职务 ② 姓名 ③ 泛尊称或职业称 ④ 老/小＋姓	① 方教授、陈部长、王将军 ② 孙红亮、方明辉 ③ 同志、先生、老师、医生 ④ 老张、小陈
泛称	非正式	① 姓＋辈分称呼或直接辈分称呼 ② 名或名＋同志	① 朱伯伯、周阿姨或叔叔 ② 铁梅或铁梅同志

见面交往应保持的空间距离见表 3-3。

表 3-3 见面交往应保持的空间距离参考表

距离/m	类别	适用范围	含义
<0.45	亲密距离	恋人、夫妻、密友	亲密无间、私密
0.45～1.2	私人距离	朋友、同事交流	亲切、友好、融洽
1.2～3.6	社交距离	会见外宾、商务谈判	庄重、严肃
>3.6	公众距离	演讲、报告、讲课	公开、自由

2）称呼使用的注意事项

（1）初次见面的称呼。①要使用正规性称呼，如使用姓＋职务/职称/职业等称呼方式；②对年龄要遵循"就低不就高"的原则。例如，在称呼"阿姨"或"奶奶"都可以时，选择称呼阿姨，会让对方更加乐意接受。

（2）称呼时不要一带而过。称呼时，要加重语气，认真、缓慢、清楚、准确地使用称谓语，称呼完了稍加停顿，然后再谈要说的事情，这样更能引起对方的关注。

（3）熟悉后也要注意称呼。与对方十分熟悉之后，千万不要因此而忽略了对方的称呼，一定要坚持称呼对方的姓＋职务（职称），尤其是有其他人在场的情况下。

（4）要用尊称和敬语。称呼对方时要用雅语和敬词，这样容易让对方感受到您的诚意和教养。例如，当称呼别人的父母时，用"伯父伯母"就比"叔叔阿姨"要显得敬重。

（5）称呼的顺序。在多人交谈的场合，要顾及主从关系。称呼人的顺序，一般为先上后下、先长后幼、先疏后亲、先女后男。

（6）在涉外交往中，一般对男子均称"某某先生"，对女子均称"某某夫人"、"某某女士"，不论年龄大小已婚的称"夫人"，未婚的称"小姐"。要事先了解，否则会引起误会；在无法了解的情况下，称"某某女士"即可。

3）称呼的禁忌

在社交场合一般不宜采用以下几种称呼。

（1）低级庸俗的称呼。在正式的社交场合避免使用"兄弟"、"老兄"、"哥们儿"、"姐们儿"、"死党"等低俗的称呼。

（2）用绰号做称呼。不要随便给关系一般的人取绰号，也不要随便拿别人的名字开玩笑，对某些情况特殊的人，如有生理缺陷的人，要避免使用"四眼"、"罗锅"等称呼。

（3）不通用的称呼。有些称呼具有一定的地域性和行业性，并非通行。山东人称呼用"伙计"，南方人会理解成打工仔，中国人称呼的"爱人"，外国人则会理解为第三者。"同学"、"战友"、"师傅"等称呼对于外界人士来说并非都合适。

（4）简化性称呼。在正式的社交场合，不少称呼不宜随意简化。例如，若将"张局长"、"王处长"称呼为"张局"、"王处"，则显得不伦不类。

2. 常用的见面礼节

在社会交往中，人和人相见时不但要称呼对方，同时还要行见面礼，由于风俗文化的差异，东西方社会既有相同的，也有不同的见面礼节。

1）东方礼节

（1）作揖礼。作揖礼也叫拱手礼，是中华民族传统的见面礼，在华人中广泛流行。行礼方式是站立，上身挺直，两臂前伸，双手在胸前高举抱拳（通常是左手抱右手），自上而下，或者自内而外，有节奏地晃动两三下。

图 3.2　鞠躬礼

作揖礼主要是在逢年过节或举行团拜活动时使用，或者向长辈祝寿，恭贺友人结婚、生子、晋升、乔迁和表示感谢时，以及国人初次见面时使用。

（2）鞠躬礼。行礼之前应当先脱帽，然后摘下围巾，摘下墨镜，身体立正，目视受礼者，男士的双手自然下垂，贴放于身体两侧裤线，女士的双手下垂搭放在腹前，距受礼者两三步左右，以腰部为轴，身体弯腰前倾。整个过程，稳重端庄。

鞠躬礼既适合于庄严肃穆或喜庆欢乐的仪式，也适用于普通的社交和商务活动场合。常用于婚丧典礼、演员谢幕、演讲、上台领奖及主持节目等场合，商务政务活动中初次见面时的场合，个体与群体交往时常行鞠躬礼以示个体表达对公众的恭敬之意，如图 3.2 所示。不同程度鞠躬及其含义见表 3-4。

表 3-4　不同程度鞠躬及其含义

类别	鞠躬程度	含　义
一般致礼	弯 15°左右	表示一般致敬、致谢、问候等
敬礼	弯 30°左右	表示恳切致谢、致敬或歉意等
敬大礼	弯 45°左右	表示非常恳切的致敬、致谢或致歉等
敬最大礼	弯 90°左右	特殊场合适用，如婚礼、葬礼、谢罪、忏悔等

（3）合十礼。合十礼又称"合掌礼"。行礼时，双掌合于胸前，手指并拢，掌尖和鼻尖基本持平，略欠身、低头，同时可以口诵祝词或问候对方，如图 3.3 所示。遇到不同身份的人，行此礼的姿势也有所不同，合十的双手举得越高，越体现对对方的尊重，但原则上不可高过额头。合十礼通行于东亚、南亚信奉佛教的国家或佛教信徒之间。

2）西方礼节

（1）拥抱礼。拥抱礼的动作要点：两人面对面站立，各自举起右臂，将右手搭在对方左肩后面，左臂下垂，左手扶住对方右腰后侧。首先各向对方左侧拥抱，然后各自向对方右侧拥抱，最后再一次向对方左侧拥抱，共拥抱3次。目前，东方国家行拥抱礼也很普遍。拥抱礼如图3.4所示。

图3.3　合十礼　　　　　　　　　　　图3.4　拥抱礼

在普通场合行此礼，不必如此讲究，次数要求也不必如此严格。在西方国家，特别是欧美国家，拥抱礼是十分常见的见面礼与道别礼，常常用于表示慰问、祝贺、欣喜等。

（2）亲吻礼。亲吻礼是西方国家常用的会面礼。有时与拥抱礼同时采用，即双方会面时既拥抱，又亲吻。

在行礼时，双方关系不同，亲吻的部位也会有所不同。长辈吻晚辈，应当吻额头；晚辈吻长辈，应当吻下颚或面颊；同辈之间，同性应贴面颊，异性应吻面颊。接吻唇部仅限于夫妻与恋人之间。需要注意的是，行亲吻礼时，非常忌讳发出亲吻的声音。如果将唾液弄到对方脸上，是非常尴尬的事情。

（3）吻手礼。吻手礼即男士亲吻女士的手背或手指。正确的吻手礼是，男士行至女士面前，首先立正致意，然后以右手或双手捧起女士的右手，俯首用自己微闭的嘴唇，象征性地轻吻一下女士的手背或手指背。

吻手礼的接受只限于已婚的女性，主要流行于欧美国家，且宜在室内进行。手腕及其以上部分是行礼时的禁区。

3）东西方通用礼节

（1）点头礼。点头礼就是颔首礼。点头礼的做法是头部向下轻轻一点，同时面带笑容。不要反复点头不止，点头的幅度不宜过大。

点头礼适用的范围很广，如遇到熟人或与熟人、朋友在会场、剧院、歌厅、舞厅等不宜交谈之处见面，以及遇上多人而又无法一一问候时，或者长官对下属、长辈对晚辈答礼时都可以点头致意。行点头礼时，最好摘下帽子，以示对对方的尊重。点头礼如图3.5所示。

（2）脱帽礼。戴着帽子的人，在进入他人居所、路遇熟人、与人交谈、握手以及进入娱乐场所时，或在升国旗、奏国歌的场合应自觉摘下帽子，并置于适当之处。女士在一般社交场合可以不脱帽。

见面的礼节要视具体情况而定，不能生搬硬套。欧洲人非常注重礼仪，其并不习惯与陌生人或初次交往的人行拥抱礼、接吻礼、面颊礼等，所以初次与其见面时，还是施以握手礼为宜。

图 3.5 点头礼

（3）举手礼（举手敬礼）。行举手礼的场合与点头礼的场合大致相似，其可用于向距离较远的熟人打招呼。行举手礼的正确做法是，右臂向前方伸直，右手掌心向着对方，拇指叉开，其他四指并齐，轻轻向左右摆动一下，不要将手上下摆动，也不要在手部摆动时用手背朝向对方。

3.1.2 见面礼仪操作技巧

1. 操作技巧一：社交称呼名字更亲切

一般社交和工作场合的称呼以尊称体现对对方的友好和尊重，在工作期间同级之间以名字称呼比较合适，也经常用，其显得亲切、友好、平等，且容易被接受，如图3.6所示。社交中在很熟悉的人之间也可以用简化的昵称。

2. 操作技巧二：场合性脱帽礼

在公共场合，演艺界人士与公众打招呼，距离远，人数多，表示礼貌礼节，或者对影迷、粉丝们热烈掌声回应，常常用到脱帽礼，如图3.7所示。在社交场合也会见到脱帽礼的运用。

图 3.6 同级之间的称呼

图 3.7 脱帽礼

【案例分析】

杨玲从北京某大学毕业后进入一家国企工作。在公司里,她得到了顶头上司章女士的关照而诸事顺利。只是她隐约感觉到,每次她与人打招呼时,对方总是显露出牵强的表情,感觉很别扭。她心想,"我称呼章大姐、李阿姨、王姐有问题吗?"

请结合称呼礼的相关知识对该案例进行分析。

3.2 介绍礼仪

3.2.1 介绍礼仪知识点拨

1. 自我介绍

自我介绍就是指在社交场合把自己介绍给社交的对象,一般是主动型自我介绍,有时也会应他人的要求做被动型自我介绍。

1) 自我介绍的时机

自我介绍一般在三种情况下进行:①本人希望结识他人;②别人希望结识自己或者响应他人请求;③有必要使他人了解或者认识自己,如参加招标、推销、招考、面试或者报到等。

2) 自我介绍的方式

自我介绍的形式主要有以下几种。

(1) 应酬式的自我介绍。应酬式的自我介绍适用于一般性的社交场合及某些公共场合(如中途邂逅、宴会、舞会、沙龙等),这种介绍最为简洁,往往只包括姓名一项即可。

(2) 工作式的自我介绍。工作式的自我介绍适用于工作场合,包括本人姓名、供职单位及其部门、职务或者从事的具体工作等。例如,"我叫赵鹏,是环球电气公司的销售部经理"。

(3) 交流式的自我介绍。交流式的自我介绍适用于社交活动中,希望与交往对象做进一步交流,大体应包括姓名、工作、籍贯、学历、兴趣爱好及与交往对象的某些关联等。例如,"您好,我叫王强,去年大学刚毕业,现在华为公司上班,和您的同学李博是同乡"。

(4) 礼仪式的自我介绍。礼仪式的自我介绍适用于讲座、报告、演出和庆典仪式等一些隆重场合,主要包括姓名、单位、职务等,还需要加入一些必要的谦辞和敬语。例如,"各位来宾,大家好!我叫张政,是汉唐文化传播公司的宣传总监,我代表本公司热烈欢迎各位来宾莅临指导"。

(5) 问答式的自我介绍。问答式的自我介绍一般适用于应试、应聘、公务交往等场合,针对对方的提问做自我介绍,应该是有问必答。例如,"先生您好!请问贵姓?""免贵姓刘"。

3) 介绍顺序

自我介绍的顺序见表3-5。

表 3-5 自我介绍的顺序

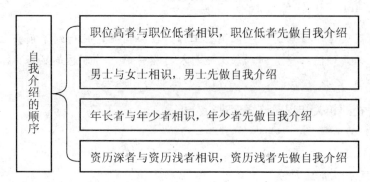

4) 自我介绍时的注意事项

自我介绍中,既要表现出热情友好自信,又要力戒虚假媚俗,同时把握好分寸,恰到好处。一般来说要注意以下几个方面。

(1) 选准时机、控制时间。自我介绍时,尽量简明扼要,切忌啰嗦,一般在半分钟内为佳。把握好时机,在对方有兴趣、想了解或者有空闲时进行。

(2) 从容自信、把握分寸。自我介绍时,态度要恭谦有礼、从容自信、语音清晰、语速适中,并把握好分寸。

(3) 内容真实、详略得当。社交场合的自我介绍内容大体有三个要素,即姓名、供职单位(部门)、职业(职务),根据需要和场合不同调整介绍内容。一般性介绍只要姓名、身份即可,求职、面试则要将学历、经历、性格、能力等全面介绍。

(4) 符合规范、灵活多样。自我介绍时,应符合标准要求,把介绍的基本要素表达完整。要根据交往对象采取不同的方法,可以灵活点、轻松幽默点,符合基本礼仪规范就好。

2. 介绍他人

介绍他人又称第三者介绍,是经第三者为彼此不相识的双方引荐、介绍的一种交际方式。做介绍的人一般是主人、朋友或公关人员等。介绍他人通常是双向的,即对被介绍双方要分别做一番介绍。

从礼仪上讲,介绍他人时最重要的是被介绍双方的先后时机、顺序和方式。

1) 介绍他人的时机

一般来说,为他人做介绍的时机主要包括以下几种。

(1) 在家中、办公场所接待彼此不相识的客人时;

(2) 公共场合遇见彼此不相识的同事、朋友时;

(3) 陪同亲友前去拜访亲友不相识的受访者时;

(4) 推荐某人加入某一交际圈时;

(5) 接受为他人做介绍的邀请时。

2) 介绍他人的顺序

介绍他人的顺序见表 3-6。

3) 介绍他人的方式

为他人做介绍时,应当遵循"尊者有优先知情权"的原则,以下列举中,如果被介绍者之间符合其中两项以上的顺序,一般应按后一个顺序进行介绍。

表 3-6 介绍他人的顺序

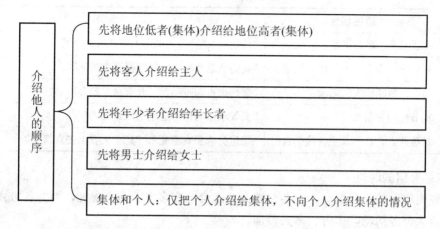

根据社交活动的具体情况，一般有以下几种方式。

（1）简单式，只介绍双方姓氏，适合于一般社交场合。例如，"我为大家介绍一下，这位是小李，这位是老王，我们是邻居。"

（2）一般式又称标准式，以介绍双方的姓名、单位和职务等为主，适用于工作场合。

（3）附加式也称强调式，用于强调其中一位被介绍者与介绍者之间的关系，希望引起另一位被介绍者的重视。例如，"这是家父刘洋，请多多关照"。

（4）引见式，介绍者将被介绍的双方引到一起即可，适用于普通场合。

（5）推荐式，介绍者经过精心准备将一方举荐给另一方，介绍者通常会对举荐人的优点、特长加以重点说明，这种方式适用于比较正式的场合。例如，"王总，为您介绍一下，这位是李阳先生，经济学博士、管理学专家，还是我省经济台资深评论家。"

（6）礼仪式，是一种最为正规的介绍他人方式，适用于正式场合，而且介绍人在语气、表达和称呼上都更加规范、谦恭。例如，"请允许我把广州宏远国际集团的执行总裁王萌先生介绍给您"。

4）介绍他人时的注意事项

（1）介绍要礼貌周到。介绍人和被介绍人都应起立，以示尊重和礼貌，在宴会、会议桌、谈判桌等情况下，介绍人和被介绍人可不必起立，被介绍双方可点头微笑致意。待介绍人介绍完毕后，被介绍双方应微笑点头示意或握手致意。如果被介绍双方相隔较远，中间又有障碍物，可举起右手致意或点头微笑致意。

（2）介绍要实事求是。介绍者要充分了解掌握被介绍双方的信息，吐字清晰、内容准确真实，不可任意夸大。

（3）欣然接受介绍邀请。被介绍者在介绍者询问自己是否有意认识某人时，一般不应拒绝，而应欣然应允。实在不愿意时，应说明理由。

介绍完毕后，被介绍者双方一般会彼此问候，相互寒暄以示友好。介绍时寒暄问候的类型见表 3-7。

3. 集体介绍

集体介绍是介绍他人的一种特殊形式，是指被介绍的一方或者双方不止一人的情况。集体介绍时被介绍双方的先后顺序仍旧至关重要。

表 3-7 介绍时寒暄问候的类型

类型	适用场合	举例
问安型	闲话家常,联络感情	"最近很忙吧?"、"准备上哪儿逛逛呀?"
攀谈型	希望进一步交流,抓住共同点	"我们是老乡呀"、"我也很喜欢游泳"
关照型	关心、照顾他人的需求	"要再加点咖啡吗?""开着窗户您会冷吗?"
言他型	礼节性的交谈	"天气不错啊"、"这里的风景真美"
夸奖型	赞美他人,让别人更快接受自己	"您这身衣服真漂亮"、"您今天看上去真精神"

1) 集体介绍的时机

(1) 规模较大的社交聚会,宴会、酒会、晚会等有多方、多人参加,要为各方做介绍。

(2) 重大公务活动,多方、多人参加。

(3) 举行会议、演讲、报告会时,多方、多人参加。

(4) 参观、访问时,前来的宾客不止一人。

2) 集体介绍的顺序

(1) "少数服从多数"。当被介绍的双方地位、身份大致相似时,应先介绍人数少的。

(2) 单项介绍。在演讲、报告、会议或者比赛时,往往只需要将主角介绍给参加者。

(3) 强调介绍顺序。被介绍者地位、身份明显存在差异的,即使是人数较少或者一人,也应最后介绍。

(4) 多方介绍顺序。若被介绍的不止两方,就需要对被介绍的各方进行位次排列:

①以负责人的身份为准;②以单位规模为准;③以单位名称英文字母为准;④以抵达时间先后为准;⑤以座次顺序为准;⑥以距离介绍者的远近为准等方式进行。时间允许的情况下,可在介绍各方时,逐次介绍各个成员。

3) 集体介绍的方式

(1) 单项式,当被介绍的一方仅一人,另一方为多人时,一般只把个人介绍给集体,而不必再向个人介绍集体。

(2) 双向式,双方皆由多人组成的集体,双方的全体成员均应被正式介绍。

3.2.2 介绍礼仪操作技巧

1. 操作技巧一:介绍者的身体姿势

介绍者介绍他人的时候,应面向对方站立,既可以单手指向对方,也可以双手打开,并注意身体应正对对方,介绍者的手势如图3.8所示。

2. 操作技巧二:介绍中的细节

(1) 遇见不太熟悉的人在两个以上时,通用"大家好"带过,这样做既体现了尊重和友好,也让对方感觉亲切、有礼貌,为下一步交往奠定基础。引见时,不要用手指比划,而应手心向上,以手掌示意,表示友好,给对方以尊重。主方应该大方、友好地主动问候对方,并互换名片,还应该详细介绍本单位的名称、地址、种类等相关信息。介绍的问候与引见如图3.9所示。

图 3.8 介绍者的手势

图 3.9 介绍的问候与引见

（2）引见后，应该恭敬请教对方的姓名、单位等，贸然说"你是哪位"的问话，不仅双方感觉尴尬，对方也会感觉没有受到重视，显得不礼貌、不够友好，如图 3.10 所示。

图 3.10 忘记对方姓名的尴尬

【案例分析】

有一个大学生在实习期间，实习单位让他到 A 公司去推销按摩产品，他到 A 公司以后，见人就介绍我是××，××学校毕业，我的特长爱好是××××，我为什么来你们公司推销，说了很长一串，不但东西没有卖出去，还遭人白眼。他非常纳闷，不知道什么地方做得不妥。

请结合本节自我介绍的内容分析。

3.3 名片礼仪

3.3.1 名片礼仪知识点拨

1. 名片的基本知识

名片在现代社会生活中是必不可少的交际工具,它是一个人身份的象征,甚至是一个人的脸面,它是"交际的使者",是一种自我的"介绍信"和"联络卡"。

1) 名片的类型

在日常生活中根据用途、内容、场合的不同,名片可以分为四类,见表3-8。

表3-8 名片的类型

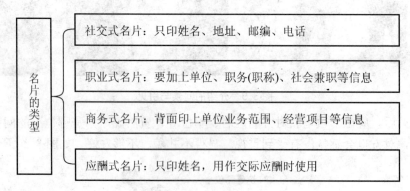

2) 名片的用途

(1) 常规用途见表3-9。

表3-9 名片的常规用途

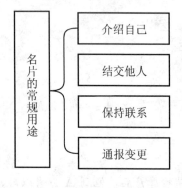

(2) 特殊用途。在国际社交场合中,人们会以名片代替简洁的信函使用。在社交名片左下角写几行字或一句话,存入信封递交他人。当面递送的用铅笔书写,邮寄的用钢笔书写。

3) 名片的携带与存放

(1) 足量适用。根据场合、交往对象的不同选择合适的名片,并准备充足,确保够用。

(2) 完好无损。保持名片的干净整洁,最好分门别类的使用名片夹,尤其是要将他人和自己的名片分开放置,以免混淆。

(3) 放置到位。统一将名片放在公文包或者上衣口袋中或办公室抽屉里,不要随意放在钱包、口袋里,不要在手中随意玩弄。

(4) 对名片进行分类管理。可按照地域、行业、人脉等分类,如同学、客户、专家等。

(5) 定期对名片进行清理。可以分成三类:第一类是一定要长期保留的;第二类是不太确定,可以暂时保留的;第三类是确定不要的,当确定不要时销毁处理。名片的收放如

图 3.11 所示。

图 3.11 名片的收放

4) 交换名片

交换名片的时机：①希望结识对方；②表示自己对对方重视；③被介绍给对方；④对方提议交换名片；⑤对方向自己索要名片；⑥登门拜访对方；⑦通知对方自己情况变更；⑧有意获得对方的名片等情况。名片交换时的情境如图 3.12 所示。

图 3.12 名片交换时的情境

双方交换名片时，或一个人与多人交换名片时，应讲究先后次序，由近而远、由尊而卑、先女后男，切勿挑三拣四，跳跃式进行，也不要左右开弓。

2. 递送名片的礼仪

1) 递送名片的方法

递送名片最好是站着递给对方，如果自己坐着，待对方走过来时，应站起来，问候对方后再双手交换名片，如图 3.13 所示。

名片方向要以方便接受者阅读为上，如若是外宾，就要把英文一面朝上。

呈递时，带一句礼节性的话会让对方更容易接受。若是自己的名字有难读或特别读法的，在递送名片时不妨加以说明，同时可顺便把自己"推销"一番，可以说："可否交换下名片"、"多多关照"、"今后保持联系"等，这会使人觉得有亲切感。

交换名片时，高度不能低于腰部以下。若是行走时，拿着名片的那只手应放于胸前。

另外，随附在信封内的名片只需放进信封内，正面朝上即可。最好不要用回形针固定在信纸上，也不要将自己的名片用订书钉订在信封上。

在现代社会中，人们希望结识对方并得到对方的名片，但对方并不完全是这样的意愿

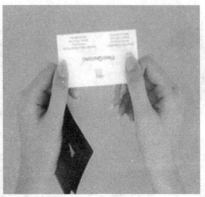

图 3.13 递出名片的方式

时,就要注意索取名片的技巧。索取名片的几种方法见表 3-10。

表 3-10 索取名片的几种方法

索取方法	具体操作	使用语言
交易法	先把自己的名片递给对方,对方回赠名片,礼尚往来	"以后常联系"、"请多多指教"
联络法	向对方表示以后希望能继续联系	"请问今后怎样和您联络?"
谦恭法	对象主要是长辈、名人等级别比自己高的人,语言暗示对方	"请问今后我怎样向您请教?"
激将法	先把自己的名片递给对方,并夸赞、抬高对方	"不知道我是否有幸和您交换名片?"、"久仰久仰,太荣幸认识您了"

在交换名片时,还得注意一个交换顺序,以示对交往对象的尊重。交换名片的顺序见表 3-11。

表 3-11 交换名片的顺序

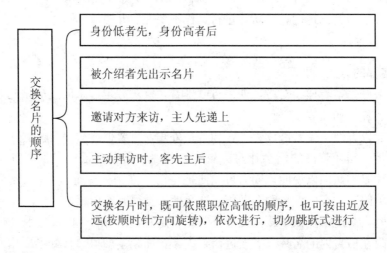

2) 递送名片时的注意事项

(1) 观察意愿。除非自己主动想结识他人,否则名片最好是在交往双方均有结识对方,并愿意建立联系的前提下发送。

(2) 把握时机。一般应选择初识之时或分别之际,不宜中途打断他人,但对方有索要的表示时应随即奉上。

(3) 表现谦恭。郑重其事的起身,上身前倾15°左右,以双手持握名片,双手拇指和食指执名片两角但不要压住名字,举至胸前,并将名片文字正面朝向对方。

(4) 注意避讳。男士不宜主动给朋友的夫人或女友发送名片,以免发生不必要的误会。也不要把名片随意发放给陌生人,防止被人利用。

(5) 国际商务礼仪中名片礼仪有"三不准"。①不准随便涂改名片;②名片上不提供私宅电话;③不印两个以上的头衔,可以根据不同的交往对象给不同头衔的名片。

3. 接受名片的礼仪

1) 接受名片的步骤

名片印的是对方的名字,对名片的不重视实际上是对名片的主人不重视。在接受他人递过来的名片时,无论对方地位高低都要给予尊重,且应该做到以下几点。

(1) 起身迎接,把手里的事放下站起来双手接过。

(2) 表示谢意。

(3) 仔细阅读。阅读有两个作用:其一,表示对交往对象的重视;其二,了解对方的确切身份。

(4) 有来有往,回敬对方本人的名片,如身上未带名片,应向对方说明原因、表示歉意,并主动做自我介绍。

(5) 如果接下来与对方谈话,站立时应将名片拿在齐胸的高处;坐着时,则可将名片放在桌子上,并保证不被其他东西压起来;离开时,千万不要忘记带走。

2) 接受名片的注意事项

(1) 态度谦和。

(2) 礼貌阅读。

(3) 精心存放。

3.3.2 名片礼仪操作技巧

1. 操作技巧一:交换名片的三个细节

在社交场合中,交换名片有三个细节:①主动交换名片并礼貌性地细看;②礼节性地交谈以加深认识度;③注意交换的先后顺序,既可以按照顺时针顺序进行,也可以前后依次进行。礼貌性地细看名片与交谈如图3.14所示。

2. 操作技巧二:交换名片的两种常见错误手势

在社交场合中,常看到的互换名片的两个错误手势:一是拿着名片直接塞给对方,二是图便利,单手换名片,这都是不符合礼仪规范的动作,如图3.15所示。

【案例分析】

某公司王经理约见了一个重要的客户方经理。见面之后,客户就将名片递上。王经理看

图 3.14　礼貌性地细看名片与交谈

图 3.15　交换名片时的错误动作

完后随手将名片放在桌子上，两人继续谈事。过了一会儿，服务人员将咖啡端上桌，请两位经理慢用。王经理喝了一口，将咖啡放在了名片上，自己没有感觉到，客户方经理皱了皱眉头，没有说什么。

结合名片礼仪知识，谈谈这则案例出现了哪些问题。

3.4　握手礼仪

3.4.1　握手礼仪知识点拨

握手礼既是世界通用的礼节，也是人们在日常生活工作和涉外活动中使用最多的一种会面礼节。通过握手，人们既可以沟通心灵、建立深厚友谊、取得支持与帮助，也可以互通信息、共享资源，对取得事业成功大有裨益。学习握手礼仪，应掌握的问题有握手的时机、握手的顺序、握手的方式及禁忌。

1. 握手的时机

握手的时机取决于交往双方的关系、交往的场合、现场的气氛及当事人的心情。握手时机的十种情况见表 3-12。图 3.16 是大学生表演的一个握手的场景，其为在秘书的介绍下主客双方及时行握手礼。

表 3-12 握手时机的 10 种情况

1	遇到久未见面的熟人时
2	在比较正式的场合与相识之人道别时
3	自己作为东道主迎送客人时
4	向客户辞行时
5	被介绍给不相识者时
6	在外面遇到同事、朋友、客户或上司时
7	感谢他人的支持、鼓励或帮助时
8	他人向自己颁发奖品或表示恭喜、祝贺时
9	应邀参与社交活动见到东道主时
10	对他人遭遇挫折或不幸而表示慰问、支持时

图 3.16 合理掌握握手时机

不应该握手的场合有：
① 对方手部有伤；
② 对方手里拿着东西；
③ 对方忙着别的事，如打电话、就餐或者正与他人交谈；
④ 所处环境不适合握手。

2. 握手的顺序

在社交场合中，握手礼要遵循"尊者决定"原则。所谓尊者，这里是指年龄长者、身份地位高的人及女士。如果尊者主动先伸手，位卑者就要与之握手；如果尊者没有伸手，位卑者最好采用其他的会面礼，握手的顺序见表 3-13。如果贸然伸手，见人就握，是失礼的行为。

3. 握手的方式与要求

握手基本要求是目视对方、面带微笑、稍事寒暄、稍许用力。握手的标准方式：身体站正，距握手对象一臂距离，伸出右手，上身稍微前倾，四指并拢，拇指张开与对方相握，上下晃动两三下即可。注意，男士与男士握虎口处，握住手掌，而且要热情有力；女士和女士

表 3-13 握手的顺序

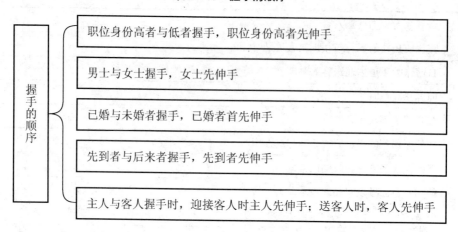

以及异性之间握手指部分，紧贴手背中指骨处，力度要小一点，但不失热情。

具体来说要掌握以下方式。

（1）握手时，一定要用右手。双方将右手向各自的侧下方伸出握住对方的右手即可。

（2）握手时间一般以 3~5 秒为宜。和异性握手时间过长，则可能会被怀疑为居心不良。

（3）握手的距离为双方各为一臂的距离。距离过大，显得有意在和对方保持距离；距离过小，则手臂难以伸直，也不太雅观。

（4）握手的力度要适中，既不可过轻，也不可过重。

（5）握手时，态度要热情友善，且双目应注视对方，微笑致意或问好。

（6）需要与多人握手时，应按由尊到卑、由近而远或者顺时针进行。

4. 握手的分类

1）单手相握

双方用右手单手相握，这是最常用的握手方式。单手相握又可分为以下三种方式。

（1）平等式握手。自己的掌心向左与对方握手。表明与对方地位是平等的，或为了表示自己不卑不亢多采用这种方式。

（2）友善式握手。自己掌心向上与对方握手。这种握手方式让自己显得谦恭、谨慎。

（3）控制式握手。自己掌心向下与对方握手。这种握手方式显得有点自大，基本不采用。

2）双手相握

双手相握又称手套式握手，即用右手握住对方右手后，再以左手握住对方右手的手臂。这种方式，适用于亲朋好友之间，表达自己的深厚情谊。在中国传统礼仪文化中，和尊长者握手时要伸出双手，以表示对尊长者的敬重。

5. 握手的禁忌

在人际交往中，握手能传递多种信息，因此，在握手时，应努力做到合乎规范，尽量避免以下的失误，握手的禁忌见表 3-14，握手禁忌如图 3.17 所示。

表 3-14 握手的禁忌

序号	内　容
1	忌用左手相握；忌握手的时候另一只手插在口袋里
2	眼睛忌讳东张西望、漫不经心，或者紧紧盯着对方，让人不自在
3	忌讳交叉握手；和女士握手时，忌太用力握，或者时间过长，抓着对方不松手
4	与他人握手一般情况下要起身站立，不允许戴着手套或者墨镜，如有不能站立等特殊情况，应向对方说明原因并且道歉
5	忌讳"死鱼式"的握手，即表情冷漠，手指冰冷僵硬；忌讳在与他人握手后，立即擦拭自己的手掌
6	忌讳一边握手一边和其他人说话
7	忌讳过分热情，握手时不要抓着对方的手来回摇摆，不要点头哈腰过分客气

交叉握手　　　　与第三者说话(目视他人)　　　摆动幅度过大　　　戴手套或手不清洁

图 3.17　握手禁忌

3.4.2　握手礼仪技巧

1. 握手礼仪技巧一：男女握手的手势与手位

握手时，用右手自然伸出，目光友好看着对方的公务或社交区。两位男士握手，一般是虎口相切，代表男士的力量和热情；两位女士或与异性握手时，大拇指压住对方中指骨就好，如图 3.18 所示。

图 3.18　握手的手势与手位

2. 握手礼仪技巧二：握手的三个不礼貌的行为

（1）用左手握，左手相握是不礼貌的行为，对人也不尊重。

（2）握手时间长，手位过于前，抓得紧，会让对方不舒服，也会显得礼貌欠缺、修养不够。

（3）握手时交叉握，显得混乱，也是不礼貌、缺乏修养的表现。

握手的三个不礼貌行为如图 3.19 所示。

图 3.19　握手的 3 个不礼貌的行为

【案例分析】

张先生在一家公司工作，一天在公园与曾经共事的王小姐相遇。由于好久没见，张先生大方、热情地向王小姐伸出手去，想与王小姐握手问候，谁知王小姐却不将手伸出来与之同握，甚至将手放进裤袋里。张先生只好尴尬地摸着自己的手，寒暄几句离开。

张先生的单位在一次接待某省考察团到访时，张先生因与考察团团长熟识，因而作为主要迎宾人员陪同部门领导前往机场迎接贵宾。当考察团团长率领其他工作人员到达后，张先生面带微笑热情地走向前，先于自己的部门领导与团长握手致意，表示欢迎。张先生侧头看到自己旁边的领导已经面露不悦之色。

分组讨论在以上情境中，有些什么问题，应该如何处理更好。

 3.5　拜访和探望礼仪

3.5.1　拜访礼仪知识点拨

在日常的交往与工作中，人们会前往他人的工作单位或者住所，进行探望、会晤和接触。无论是公务沟通还是私人往来，拜访都是可以联络感情、扩大信息、增进友谊和发展自身的一种重要的社交方式，所以，在拜访中，拜访的主方只有遵从礼仪规范，才能获得圆满成功。

1. 拜访前的基本要求

1）提前预约

社交中，不管什么形式的拜访，最好提前预约，这样既是对对方的尊重，也是为方便自己，以免吃闭门羹而浪费自己的时间。电话预约如图3.20所示。

约定拜访的时间和地点，要客随主便，若是家庭拜访，不要约在吃饭和休息时间，最好安排在节假日下午或晚上；如果是办公场合的拜访，则不要定在上班后半小时内和下班前半小时，公务拜访要约定参加人员和身份。

约好时间、地点后，一般不要轻易改动，若因特殊原因不能如期赴约，则务必尽可能电话通知对方，说明情况并诚恳致歉，待见面时再次致歉。如果公务拜访约定后，主要拜访人缺席，也应该事先告诉对方并听取其建议；拜访时，应准时到达，提前和迟到都不适宜。

图3.20 电话预约

2）悉心准备

（1）考虑好拜访的目的。商量什么事情，拟请对方做哪些工作，如何交谈等，事先都应做好设想和安排。

（2）注意仪容仪表，着装得体，以表示对对方的尊重，如图3.21所示。

（3）公务和初次社交拜访切记带上名片，并放在容易拿出来的地方，如图3.22所示。

（4）若是看望亲朋好友，如需带上适当的礼物，则应提前准备。

图3.21 着装得体

图3.22 带上名片

2. 公务拜访

1）礼貌进入

当来到对方工作场合时，应看要找的人是否在。如果在则打招呼再进去；如果不在，可礼貌找人打听；如果对方在开会或还有其他客人，则应退在门外等候。

2）互致问候

见面要互致问候，不认识的要自我介绍。如果初次拜访，进门后应问候"您好"或者"各位好"，并应点头致意，然后自我介绍或递名片。如果事先约定，应提及双方约会的事，让接待者明白来意。

3）落座有礼

对方入座后，可大方落座。座位通常由对方安排，尽量不要坐在办公人员的座位上。坐姿端庄，不能露出懒散无聊的样子。对端茶倒水的服务者，要欠身并说"谢谢"。

4）注意公德

讲究工作场合卫生，不乱弹烟灰、乱扔烟蒂，更不能乱吐痰，如果为"无烟办公室"，则应自觉不抽烟。谈话时，嗓门不要太大，以免影响他人工作；谈完公事，不要久坐，即可告辞；拜访时间不宜长，一般在15~30分钟即可。

3. 居家拜访

1）进门有礼

居家拜访，切不可破门而入。首先，要按门铃，若间隔十多秒未见反应，可按2~3次，切记长时间连续不断按铃，吵得主人心烦；没有门铃，则可以先敲门，敲门时用中指或食指关节轻叩2~3下，不可用整个手掌，如图3.23所示。在夏天，即使门敞着，也应敲门告知主人。

图3.23 进入有礼——按门铃和敲门

与主人相见，要主动问好，并同主人握手。如果双方初次见面，应该向对方做自我介绍。对主人的同事或亲属，应主动打招呼、问好。不能视而不见，不理不睬。如有礼品，可适时向主人奉上，不要道别时再拿出。

进门之后，要脱下外套，摘下帽子、手套，同随身的物品一起搁放到主人指定的地方，不要随意乱搁乱放。如果需要应换上拖鞋，并将自己的鞋放整齐。

进入房间时，要跟随主人之后，不要擅自进入其他地方。入座时，要根据主人的邀请，坐在主人指定的位置。

如果主人开门未邀请入室，就不要擅自行事；如果进门后，主人没有请脱下外衣或入座，表示主人没有打算留客，自己来得不合时宜。此时，应简短说明来意后告辞，不要不请而入或者好奇的向室内窥视。

2）做客有方

拜访时，态度要诚恳，言谈要得体。要尽快开宗明义表达主题，不要让开场白占去太多时间，谈话要紧紧围绕主题，争取达到满意的效果。

做客时，要注意自己的行为举止符合礼仪要求。主人倒茶时，要从座位上欠身，双手奉接并道谢；主人端上水果、小吃时，应等长者动手后，再拿取；吸烟者要尽量克制，想吸烟时要经主人或者女士的同意。未经主人允许，不要触动主人室内的物品和陈设。

3）适时告辞

在居家拜访时，如果个人的目的已经表达清楚，或者主人心不在焉，或有其他事情，或者约定的时间已到，就应该适可而止，适时告辞。通常一般性的拜访不要超过一小时，初次拜访不要超过三十分钟为好。

出门后，应向主人表达"留步"或者"不送"后握手告别，表示感谢。

4. 宾馆拜访

如果外地客人来到本地，住在某宾馆，得知消息后，应前往进行礼节性拜访。拜访前，应约定时间，并问清宾馆的位置、楼层、房号、电话等。

进入宾馆，应向保安或服务台说明来意，然后往房间打电话，经客人允许后，方可到房间。

到宾馆一般均为礼节性拜访，东道主应热情地表达对客人的欢迎。同时关心询问客人生活和工作需要提供什么帮助。拜访时间不宜过长，以十五分钟左右为宜。一般宾馆的大堂是拜访的首选，如图 3.24 所示。

图 3.24　拜访首选在大堂

5. 探视拜访

当朋友或者同事因病住院时，适时探访既可以增进友谊，也能使病人感到莫大的心里安慰和精神满足。病人因为健康和生命受到威胁，容易感情脆弱、情绪多变，往往比任何时候更渴望一份温情，所以探视拜访要注意自己的言行。

1）探视准备

了解患者的情况，如是什么病、严重程度、治疗情况、病人目前的心理状态。如果病人正在急救或者手术不久，贸然前往，使病人得不到好的休息也是不礼貌的。

了解医院情况。医院的探视时间、相关规定等，否则既影响医院正常的工作秩序，又影响病人的治疗和休息。

准备慰问的物品，如鲜花、水果和营养品等。

2）言行得当

探望病人是一种特殊的社交活动，言谈举止应谨慎得当。

（1）神态平和。探视病人时的穿着要日常化，不可过于华丽；进病房时，脚步要轻，表情要从容，切忌慌张、大惊小怪，以免给病人增加心理压力。

（2）询问情况。了解病人治疗情况以及目前身体状况，关心治疗的进展情况和康复情况，进行必要的安慰和劝解，尽可能挨床坐下，表情自然亲切。

（3）表达问候。带去单位的关怀和慰问，谈一谈单位和同事的近况，转达有关人员的问候，讲述一些新闻事件，让病人从孤独、愁闷的情绪中解脱出来。

（4）少问为佳。避免谈及可能会使对方忧虑或忌讳的内容。对身患重病的病人，应和家属、医生和护士一起向病人隐瞒实情。要多安慰和鼓励，不要过多询问，更不要说敏感和不吉利的话。

（5）把握时间。探视时间不宜过长，不要超过三十分钟。告别时，应注意询问病人有何事相托，并希望病人好好养病，早日康复。

（6）礼物合适。探望病人免不了要携带礼物，时尚的鲜花既可以调节气氛，又可以愉悦患者的心情。但是也要看对象，老人、家庭贫困、农村以及与过敏有关的疾病则不适宜，如哮喘病就不适合送鲜花。许多人喜欢送水果、营养品等，都是不错的选择。

3.5.2 拜访礼仪技巧

1. 操作技巧一：选择合适的礼物

送礼要考虑对方的喜好、年龄状况、性别、与自己的关系远近等，注意不要送太贵重的礼物，一般不送现金、贵重黄金，异性间不送敏感的物品，如男士不送给女性内衣、香水等。通常送情侣可以选择表达情意的物品，送老人选择食物，儿童送玩具、巧克力等，同时还要注意包装，如图3.25所示。

图 3.25　礼物的包装

2. 操作技巧二：减少尴尬

拜访时杜绝突然袭击，因为对方还没有准备好，客人突然到来会让人措手不及，造成尴尬的拜访场面，这是不礼貌的行为，如图3.26所示。

图 3.26　拜访的不礼貌行为

【案例分析】

李明刚毕业到金达贸易公司做业务员不久,今天想去拜访某公司的张经理,他没有预约就直接到了张经理的办公室,恰好张经理在打电话,就示意他坐下。李明翘起了二郎腿坐在了沙发上,看张经理的电话比较长,坐着枯燥,索性就自己点了一支香烟抽了起来,还不时地摸一摸张经理茶几上的摆件。李明在等待的时间里还不时地看手表。

你认为李明的拜访有问题吗?请指出他几处失礼的地方。

本章讲述了社交中的见面介绍、称呼、握手、名片和拜访礼仪的内容和基本操作理念,分析了这五方面的礼仪特征和运用原则。重点探讨了这五部分内容在操作技巧方面的细节。见面礼阐述了见面的各种礼节以及称呼的要求、事项等;介绍礼仪分析了介绍的形式、内容和操作;名片礼仪介绍了名片在社交中的用途,名片的递接顺序和要点以及操作细节;握手礼仪主要包括握手的场合、时机、内容、技巧;拜访与探望礼仪阐述了基本内容和要求,分析了礼品的选择。每节后面的案例分析知识点明确,结合本书内容清晰实用。

1. 称呼礼仪中应注意的事项有哪些?
2. 介绍过程中自我介绍和介绍他人应分别注意哪些方面?
3. 现代社会交往过程中都有哪些见面礼?
4. 行握手礼时的禁忌是什么?
5. 家庭拜访时应注意哪些事项?

第4章

通信与出行礼仪

TONGXUN YU CHUXING LIYI

【学习目标】

(1) 了解生活中出行与住宿、通信等礼仪的内容。
(2) 掌握通信、出行礼仪的运用。
(3) 了解出国礼仪要求。
(4) 掌握社交中的通信、出行等方面的操作技巧。

4.1 通信礼仪

4.1.1 通信知识点拨

1. 电话礼仪的基本要求

电话具有传递迅速、使用方便的特点。当今社会，通过电话洽谈工作、交流信息、联络感情成为人们一种主要的交际手段。通电话是一种特殊的交谈方式，打电话时除了要遵守当面交谈的一些礼仪规范外，还有许多使用电话的礼仪规范值得注意。

1）思考后再打电话

打电话也是一门艺术，无论是为了洽谈业务、通知事情、联络感情等，都应当在通话之前有个思考过程，可以先把自己会遇到的困难和问题列举出来，打个腹稿即可。如果是和重要人物通电话，尤其要做好充分准备，最好是能把思考的结果记录下来列成提纲。

2）注意电话形象

（1）态度热情、礼貌。电话中应尽量使用礼貌用语，如"您好"、"请"、"谢谢"，"欢迎再来"等。打错电话时，应说"对不起"，找的人不在时，应表示感谢后再挂电话。接到打错的电话时避免出现厌烦的情绪和语调，可以说"这是XX公司，电话是XXXXXXX，您是不是打错了？"接打电话的态度对比如图4.1所示。

图 4.1 接打电话态度对比

（2）声音清晰、自然。注意音量、语气、声调，在电话中的声音应尽量动听悦耳，音质清亮。语速适中，表述清晰镇定，反应敏捷。音量应以能够让对方听清，又不干扰周围环境为度。

（3）语言简洁、明了。电话工作也要讲究效率，要善于处理电话中的闲聊和纠缠。平常要注意语言简洁，纠正在电话沟通时的啰嗦、表达不清、浪费时间等不良习惯。

3）做好笔录、及时传达

电话旁边应放置记录本和书写流畅的笔，以便随时记录接听电话的要点，如图4.2所示。记录的要点包括来电人单位、姓名、性别、通话内容要点、是否需要回复、需要回复的内容、回复的时间要求、回复电话的号码（包括分机号码）等等。如果条件允许，最好使用有"来电显示"功能的电话，这样在忘记问对方电话号码的情况下能够方便查找。

图 4.2　电话的记录

若对方表示有事相告或者前来投诉，则应取过纸笔当场记录。记录时遵循"五 W"惯例，即，Who(何人)、What(何事)、Why(何因)、When(何时)、Where(何地)，应一丝不苟地复述所记事项，方便对方核实确认，不遗漏信息。电话记录卡片如图 4.3 所示。

```
电话记录卡片 1
· 给：_____
· 日期_____   时间：_____
· 您不在办公室时_____公司的___
· _____先生/女士（小姐）来电，号码_____
·   ○电话           ○请打电话回去
    ○要求来访        ○还会打电话来
    ○是否紧急        ○回你的电话
     留言：_____
·        _____
              接电话者：_____
·
```

```
电话记录卡 2
给：_____
来电时间：___年___月___日___点___分
来电单位：_____
来电者：_____先生/女士（小姐）
来电号码：_____
来电事宜：_____
         _____
备注：○请您回电    ○对方会再打电话来    ○仅是回您电话
              接电话者：_____
```

图 4.3　电话记录卡

在电话结束之前，要再次与对方核对所记录的信息要点（如时间、地点等关键信息），及时纠正信息记录中的疏漏。

答应代为传话就要尽快落实，一般情况下不要将代为传达的内容再托他人转告。

4）使用手机勿扰他人

在要求"保持肃静"的公共场所应设置静音或关机，如果不得不当众使用手机时，应向周围人致歉。

在病房、加油站、飞机上等场合应关机，不得使用移动电话，以免影响仪器正常运行或引起爆炸，如图4.4所示。

在手机短信内容的选择和编辑上，应该注意和通话一样讲究文明，要有称呼，要自报家门，不要转发不健康短信和垃圾短信。

图4.4 油库禁止用手机

切忌一边开车一边查看或者发放短信，这是对自己和他人生命的敬重；也不要一边与人说话，一边查看短信，这是对对方的不尊重。

2. 网络礼仪的基本要求

网络礼仪是互联网使用者所要遵循的行为规范，它体现了一个人的修养和内涵。在互联网上交流时要遵循以下原则。

1）真诚友善

网络生活显著的特点在于它的虚拟性，在未见其人的情况下，人们很容易放纵自己的行为，真诚是做人的基本道德准则，在网络生活中更能体现人格。当意见存在分歧时要心平气和，不能进行人身攻击。

2）平等对待

尊重他人是获得他人尊重的前提。网络世界给你最大的言论自由，但并不意味着你可以为所欲为，要记住网上依然有别人的存在，不能只顾自己发泄。网络的力量在于参与者数目众多，可以集众人之所长，你也可以将自己的专业知识与他人分享，做出一份贡献，这是一种有礼貌的做法。

3）独善其身

慎独是古人为人处世的主张，在虚拟、隐蔽的网络世界中尤为重要。人们在畅游网络的同时，要有自律意识，法律意识，增强辨识能力，不可迷恋其中，做好自我保护，更不能伤人害己。

4）保护隐私

网络交流还要有保密意识，尤其是要保护好自己和他人的隐私。不可将内部文件、信息对外泄露，不可随意公布电子邮件和聊天记录等交流信息，在未经当事人允许的情况下，不可私自传播与当事人相关的资料和信息。

5）使用邮件规则

（1）地址和主题准确无误。

（2）内容简洁明了，及时回复。

(3) 语言通俗易懂。
(4) 避免电子邮件出现常识性和低级性错误。
(5) 谨慎选择内容。
(6) 信件中不能随意使用大写字母。

在英文邮件中,如果信件内容都用大写字母,会被看做是在大声喊叫,是非常不礼貌的。如果你想强调某个词或某句话,可在大写字母两端用"*"号标记。

3. 信函的基本礼仪

信函是公司或企业间保持商务联系的重要手段。公司或企业可以通过商务信函的方式进行一定的商业活动,比如邀请、询价、报价、还价、订货、交货、支付、索赔、理赔、代理等。与口头联系相比,信函作为文字记录,在双方发生业务纠纷或争执时,能提供重要的法律证据。

1) 目的明确

信函多用于日常交际、沟通、应酬,每一种信函有不同的用处,如书信为了沟通交流,贺卡是表示诚挚祝福,请柬是要发出邀请。不同的目的使用不同的信函类型,信函语言也应遵循一定的原则,在称谓、敬语上都会有相应的要求。

2) 有的放矢

在书写信函时要注意对方的身份、性别、年龄、爱好等情况,最好能了解对方的详细情况,投其所好有针对性地表达自己的立场、观点和意图,使对方心情愉悦地接受你。

3) 书写规范

写作时不要求使用华丽优美的词句,要用简单朴实的语言,准确地表达自己的意思,让对方可以清楚地了解自己的意图即可,书写时不可太随意,也不要太刻板。

4) 信函的写作注重礼节规范

(1) 情感往来的信函可口语化、简单、自然,充满人情味,语气语调柔和、谦虚,体现修养。

(2) 商务、政务往来的信函要注意严谨性,简洁扼要、准确、有逻辑性,语气语调平和、谦虚,体现公平公正。

(3) 讲究礼节礼貌,要有称呼、问候及署名,避免用冒犯性的语言。

(4) 简洁、朴实、清楚,容易理解。

(5) 标题专业、精确、针对性强,符合规范。

(6) 回复迅速、及时、有效。

4.1.2 通信礼仪操作技巧

1. 操作技巧一:电话礼仪

1) 控制通话时间

(1) 适时通话:打电话要选择好适合的时间,一般应在早晨8点至夜间21点之间,节假日最好在9点以后;尽量避开午睡时间;拨打国际电话时,应有时差的概念。

(2) 3分钟原则:控制好通话长度,一般在3分钟内结束,以短为佳,宁短勿长,如图4.5所示。

2) 看场合打电话

在公共场所，比如说公交车上、电梯里、商场中不要大声打电话，干扰他人。开车途中也不应接打电话，以免影响交通安全，如图4.6所示。

图 4.5　控制通话时间

图 4.6　不文明接打电话

3) 接听电话内容与技巧

接听电话内容与技巧包括的内容丰富，见表4-1。

表 4-1　接听电话技巧和用语

通话过程	总体原则	用语和技巧
接听电话	铃响2~3声接听 主动问候及自报家门	"您好"、"对不起，让您久等了"、 "我们是…公司…部门"等
通话过程	以礼相待、专心细致做好记录和转达工作。	"请问，我能帮您什么忙吗？"、"好的，您的想法我完全理解"、"还有吗？"
结束通话	适时结束、礼貌告别	"刚才您说的是…(通话要点确认)""我们最后再确认一下，您的要求是……是吗？""好的，我们会尽快回复，谢谢您的来电"等，双方明确地以"再见"作为结束语

6W2H电话礼仪备忘内容见表4-2。

表 4-2　6W2H电话礼仪备忘内容

WHO	来电人的姓名(XXX先生/女士)
WHOM	找何人(姓名)
WHEN	何时(来电中所提及的日期、时间和来电时间)
WHERE	何处(来电提及的地点、场所)
WHAT	何事(来电提及的内容)
WHY	何故(来电提及的因由)
HOW	如何做(对方的要求或者目的、解决的方法)
HOW MUCH	做多少(数量)

2. 操作技巧二：收发传真、电子邮件礼仪

1）保留传真首页

正式的传真应该有首页，上面注明传送者与接收者双方所在单位及部门的名称、姓名、日期、传真的事由及总页数等信息。正确使用传真机的方法如图4.7所示。

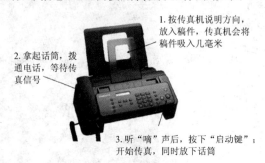

图4.7 正确使用传真机的方法

2）事前通报、讲究实效

发送传真或电子邮件前，应先与对方确认传真号码或邮箱地址、资料的内容（电子邮件主题）、发送时间等信息，切勿发送垃圾邮件。

3. 操作技巧三：信函礼仪

1）信封书写礼仪

（1）发往国内的书信信封格式，如图4.8所示。

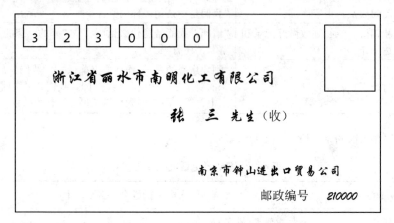

图4.8 国内信封书写格式

（2）发往国外的信封格式，如图4.9所示。

（3）托人转交的信函，信封一般不封口，也可以让受托人封口，以表示礼貌，如图4.10所示。

【案例分析】

有一次浙江某公司的销售人员王立在早上八点钟打电话给新疆的一位客户，

王立："喂，是刘总吗？"

刘总："你是谁？"

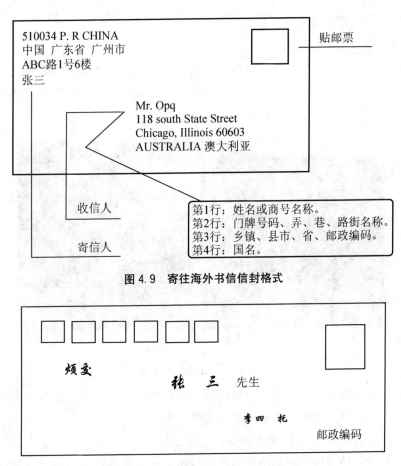

图 4.9 寄往海外书信信封格式

图 4.10 托人转交的信封书写格式

王立："我是东莞莲花服装贸易公司经理办公室的秘书。"

刘总："对不起，我在吃早饭，你待会再打过来好吗？"

王立："哦，好的。"

请分析王立打电话过程中存在哪些问题。

 4.2 出行礼仪

4.2.1 出行礼仪知识点拨

出行是人们日常交往活动中必不可少的一项活动，人们出行时大多身处公共场所，例如街道、饭店、宾馆、车站、公共交通工具、娱乐场所等。公共场所给大家提供便利的同时，也增加了与他人共享、接触、交流的机会。遵守出行的礼仪规范，是人们应该具备的基本素质之一。

出行礼仪可概括为"四个尊，三个为上"。意识上我们要以长者为尊、客户为尊、领导为尊、女士为尊。行动时我们要以安全为上、尊重为上、便利为上。

1. 乘坐公共汽车的基本礼仪

1）遵守乘车规定

（1）乘坐公共汽车应到公交站台或指定地点排队等候，排队时保持适当间距，避免身体接触、保障个人财产安全及个人隐私；待车停稳后，先下后上，切勿站在马路上等候或追赶车辆，以免发生意外，如图 4.11 所示。

图 4.11　出行乘车规范

（2）车辆行驶过程中，不准与驾驶员闲谈或挤在车前遮挡驾驶员视线。不可将身体任何部分伸出窗外。不准携带易燃、易爆等危险物品上车。

（3）上车后主动购票、投币或出示月票，不能逃票。

（4）下车后不要从车前车后突然冲出穿过马路，应等公交开走后，走人行横道、天桥或者地下通道。

2）注意文明礼貌

（1）上车后不要挡住车门，要往里走并尽快就座，带小孩的乘客应照看好孩童，避免碰撞、打扰他人。

（2）维护乘车环境，不要抽烟、饮食或随意丢弃垃圾。出行应遵守的标识如图 4.12 所示。

图 4.12　出行应遵守的标识

（3）遇到老、弱、病、残、孕时要主动让座，得到他人让座帮助时要表示感谢。让座标识如图 4.13 所示。

（4）车上不要影响他人，交谈时避免大声说笑，休息时也不要东倒西歪，更不能靠在邻

图 4.13 让座标识

座身上，不要将脚伸到过道上。

3）保管好携带物品

（1）妥善放置随身物品，不要放置在上下车的走道上，更不能用提包行李抢占座位。

（2）如果随身携带的物品是尖、硬、脏、湿、腥物等要注意包装好，并提醒周围乘客注意。下雨天要把雨具收好，不要弄湿他人衣物。

（3）保管好个人财物，以防盗窃。

2. 乘坐地铁的基本礼仪

（1）购票和进闸时，排队通行。候车时，按地面标识排队，先下后上。尽量往车厢中部靠拢，为其他候车乘客留出上车空间。不要将大件物品堆放在车门处，影响其他乘客上下车。来源于上海地铁网的排队上下地铁图片，如图 4.14 所示。

图 4.14 排队上下地铁

（2）地铁列车班次多且准点，车辆行驶前，警示灯闪烁同时提示铃响起，此时请在安全线内等候，切勿抢上抢下，防止夹伤。下车时要提前做好准备，到车门口排队等候下车。上下车做到先下后上，井然有序。

（3）注意安全。不要进入地铁轨道线内，如有物件掉落到轨道线内，应立即通知工作人员处理，千万不要擅自跳下站台。正常行驶中，不要触动车厢内的紧急停车手柄、警报器等安全设备。如果乘坐地铁途中发生紧急情况，应听从工作人员指挥和安排，保持镇静，不得擅自打开车门或强行下车。

（4）在楼梯、自动扶梯上为避免妨碍他人通过，应遵循"靠右单行"的规则。每个车站均设有站外垂直电梯，专门为行动不便（坐轮椅、推儿童车等）或携带大件行李的人士设置，图 4.15 是搭乘电梯乘坐标识，其他乘客请尽量使用手扶电梯。

（5）保持地铁站台、车厢内环境整洁，避免污秽。地铁的洗手间一般设置在站台内，车厢上不设置洗手间，如有需要的乘客应在上车前或者下车后上洗手间，千万不可以在车厢内

孕妇、长者、孩童、行动不便或携带大件行李者请搭乘电梯。

图 4.15　塔乘电梯乘坐标识

随地大小便。

3. 乘船的基本礼仪

（1）有序上船，对号入座，避免拥挤而发生危险。不影响其他乘客的情况下，与甲板上的亲友告别，不要大喊大叫，手舞足蹈。乘船标示语如图 4.16 所示。

图 4.16　乘船标示语

（2）晕船时应卧床休息，呕吐应去洗手间或者使用呕吐袋，已经吐在甲板或过道上时，应向周围人表达歉意，并尽量打扫干净。生病了要及时就医，不能得过且过，耽误病情。

（3）出入舱口或过道时，应礼让他人，尤其是老人和儿童。

（4）凡是标明"旅客止步"的地方不要进入，船上的各种设备也不要随意触动。吸烟的乘客要在指定区域吸烟，要注意避免火灾。

（5）室外活动注意安全，切勿擅自下水。白天不准在船上挥动衣服、手绢，晚上不要用手电、手机乱晃，以免被其他船只误认为是打旗语或灯光信号。不要谈及翻船、撞船之类的话题，注意说话的忌讳。

4. 乘飞机的基本礼仪

（1）提前到达机场，做好充分准备。乘坐飞机前需要取登机卡、托运行李、通过安全检查等，务必带齐证件和机票，留足充分的时间完成登机前的准备工作。

（2）登机后，按秩序对号入座，并按照规定关闭手机、电脑等电子设备。认真阅读、倾听乘务员介绍氧气面罩、降落伞等使用方法，以及机上紧急疏散、撤离办法。

（3）机舱座位分有头等舱和经济舱，头等舱的设备较经济舱好，所享受的服务项目也较经济舱多，票价也较高，乘客应该对号入座，不能因为头等舱比较空就去抢占空位。

（4）飞机起飞或降落时，一定要系好安全带，并收起面前的小桌板，同时将自己的座位调直。遇到气流时也应系好安全带，切勿站立、行走。

（5）机上用餐时，要把前座背后的小桌放下来，方便服务人员将盘放上。用餐时间，不要在座位间进出行动。椅背要倾倒，应向后座的人知会一声，以免给他人造成不便。用餐期间，无论个人是否需要用餐，均应将椅背竖直，以便后座其他乘客可以顺利用餐。

（6）上卫生间应注意门上的标示，"OCCUPIED"表示正在使用，"VACANT"表示无人。入内后应锁门，使用后要按 FLUSH 键冲水。

（7）坐卧的姿势以不妨碍他人为好。如果感到闷热可以打开座位上方的通风阀，也可以脱下外衣，切忌打赤膊，更衣需去洗手间。

（8）飞机上的物品不要随意取拿，安全设备也不要乱碰乱动。带救生滑梯的登机门是在遇到紧急情况才可以使用的，正常飞行状态下切勿开启。

（9）不要当众脱衣、脱鞋，不要在飞机上吐痰、吸烟，享用免费食品时也要量力而行。如果感到晕机，呕吐时要使用呕吐袋。

（10）对待工作人员要尊重和理解，上下飞机时，可以对空乘人员点头致意或者问好，遇到飞机误点或改降、迫降时不要紧张，更不应向空乘人员发火。

（11）对身边的乘客也可以打招呼或稍作交谈，但不要影响他人休息，避免谈及令人不安的劫机、坠机等空难事件。

（12）下飞机后万一找不到行李，应请机场管理人员协助。如若丢失，航空公司会照章赔偿。

5. 乘坐轿车礼仪

（1）座次礼仪：分为专职司机驾驶和主人驾驶两种情况，座次的不同如图 4.17 和图 4.18 所示。大型客车座次顺序如图 4.19 所示。

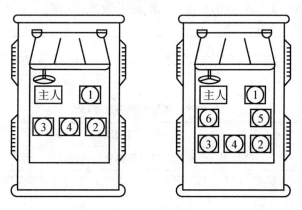

图 4.17　主人开车时的座次

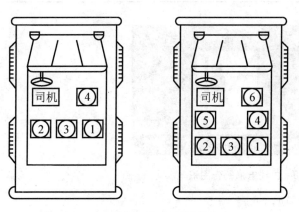

图 4.18　专职司机开车时的座次

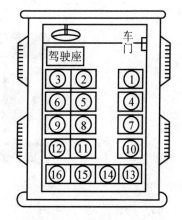

图 4.19　大客车的座次安排

(2) 上下车有序：陪同客人、亲友一同乘车，应请客人、长辈和女士先上车，并为他们开关车门，主人后上车。下车时，顺序正好相反。

(3) 女士上车，应先轻轻坐在座位上，然后把双腿一同收进车内；下车时，要双腿同时着地，不可一先一后。男士上下车时，动作不要动辄"铿锵作响"。

4.2.2 出行礼仪操作技巧

(1) 操作技巧一：使用洗手间的注意事项，见表4-3。

表4-3 使用洗手间注意事项

注意事项	具体操作
保护个人安全	飞机起飞和降落过程中以及火车、高铁在出站和进站时禁止使用洗手间，儿童、残疾乘客和老人请家人或亲友陪同，切忌独自使用洗手间。遇到气流颠簸或车厢意外晃动，应立即抓好把手，或放下马桶盖，入座时抓好把手
保持环境卫生	切勿站到马桶坐便器上如厕。男士小便时请将马桶坐便隔垫翻起来。卫生纸、擦手纸不要扔在洗手间的地板上，可以将使用后的纸扔进废物口
正确使用隔垫纸	将隔垫卫生纸全部打开，平放在马桶坐便垫上，圆形切口面向马桶里面，小的外切口面向马桶外面。坐垫纸中间切开的圆形会和粪便一起冲走，而马桶坐便隔垫上留下的一圈卫生纸需要乘客自己扔进废纸口，不能扔进马桶
洗手、洗脸时	尽量不要将水和洗手液溅到水盆外边或弄到地板上，如果不小心弄到地上，地板就很湿滑，容易发生意外

(2) 操作技巧二：使用电梯的注意事项，见表4-4。电梯礼仪规范如图4.20、图4.21所示。

表4-4 使用电梯注意事项

电梯礼仪	注意事项
注意安全	不可在电梯里扒门、超时超载、蹦跳，进出时避免拥挤踩踏
礼让他人	尤其是老幼病残孕者；拎着的物品避免碰撞到别人；切勿为了等人让电梯长时间停留；如果有人为你扶门，要说声"谢谢"
进出顺序	与尊长、女士、客户同乘电梯时，可视电梯类别区分：有人控制的电梯，陪同人员应后进后出；无人控制的电梯，陪同人员先进后出

图4.20 关注电梯警告图识

(3) 操作技巧三：携带动物的注意事项，见表4-5。

图 4.21 进出电梯礼仪规范

表 4-5 携带动物乘坐公共交通工具注意事项

注意事项	具体操作
遵守规定	乘坐公交车、地铁不能携带动物，更不能让动物抢占座位
办理托运手续	动物乘坐火车、飞机等交通工具时： ① 提前办理相关证件，将动物装入坚固的笼内； ② 空运动物需乘坐有氧舱，火车托运的动物可以跟主人同一趟车走，但该次车必须有行李车； ③ 跨省、出国要办理出境证明和相关手续
看管好动物	避免伤人或者打扰他人，不可以让动物随地大小便，如果有排泄物请及时处理好

【案例分析】

小郑刚参加工作不久，公司举办了一次大型的产品发布会，要求国内很多知名企业人士参加。小郑被安排在接待工作岗位上。接待当天，小郑早早来到机场，当等到来参加发布会的王总等一行人时，他便开口说："您好！是来参加发布会的吗？麻烦您填写您的单位及姓名，以便我们安排好就餐与住宿问题。"小郑有条不紊地做好了记录。上车时，小郑拉开车门，安排王总坐到了副驾驶的位置，自己坐在后座陪同。来在会场，小郑给客人引路小心翼翼，虽然自己一向走路很快，但是他放慢步伐，很注意与客人的距离不能太远，一路带着客人，电梯上下，小郑也都是走在前面，做好带路工作。原本心想很简单的事情，却被上司批评了。

你知道为什么吗？请分析。

 4.3 宾馆礼仪

4.3.1 宾馆礼仪知识点拨

1. 宾馆礼仪的基本要求

宾馆是向游客在旅游、出差过程中提供住宿、餐饮、购物、商务等一体服务的综合性场所，游客在此住宿期间应注意相关礼仪，才能更好地维护自身权益，保持良好形象。

1）办理入住

入住宾馆最好提前预约房间。可以提前用电话预约，告诉宾馆前台服务员准备哪天入住、住几天、需要什么样的房间、申请住房人的姓名，并问清房价以及告知当天到达宾馆的大概时间，许多宾馆都会在一定的时间内保留预定。到时只需到宾馆总台处报出自己的名字，签上名字即可入住。如果实际到达时间将比预定时间晚，为避免被取消预订，则要尽快联系宾馆，告知情况；如果要取消预订，礼貌的做法是及时打电话取消，宾馆就可以把房间租给他人使用。

如果没有电话预订，那么在住店前首先要在酒店前台办理住宿登记等手续，要配合酒店总台服务员出示自己的有效身份证件，缴纳相当于住宿费用的定金与房卡押金，办好住宿登记手续。酒店客房就是一个休息场所或临时办公地点，入住客人对这个房间拥有的只是使用权而不是所有权，所以要自觉地遵守酒店的入住规定。

2）文明居住

酒店是一个优雅、文明的地方，住店期间要注意文明有礼。

首先要注意着装文明，酒店虽然是暂时的家，但毕竟还有其他客人居住，不要穿着睡衣、拖鞋等出现在走廊、大堂等公共场合，因为睡衣和拖鞋属于个人隐私，这些个人隐私最好是在私底下的场合穿着，比如在客房里活动时，着装可相对自由一些，不要暴露在大庭广众之下，这是一条国际礼仪标准，一定要注意。具体而言，宾馆不欢迎衣衫不整者、不修边幅者入内。

其次要注意进出时的举止文明，遇到酒店员工打招呼时，也应礼貌回应。进入自己的房间时，注意开、关门要轻，不要因为过重的开关门声音而影响到其他客人的休息。在房间内时要注意电视机的音量，不要在房间内大声喧哗、奔跑，以免影响他人休息。礼仪不是做给别人看的，而是自己内心有着高尚的思想情操，懂得内修、克己、自尊、敬人。

如果入住宾馆的有同行人员，在出入房间时应注意一定的顺序。如果没有特殊原因，出入房间时应该是高位者先进或先出。如果有特殊情况，比如需要引导，或者室内灯光昏暗，或者男士和女士两个人单独出入房间，这时标准的做法应该是陪同接待人员先进去，为客人开灯、开门。

3）注意安全

入住酒店后，一定要注意自身人身安全与财务安全。

首先要熟悉酒店环境，阅读房间门后的消防逃生路线图，熟悉所住房间的具体位置和逃生楼梯的方位。

进入房间后，要查看房间的门锁及侧锁是否能锁上，查看窗户的安全。如果有人敲门，最好是从猫眼里看清来人后再确定是否开门，防止陌生人闯入房内。晚上就寝前一定要将防撬链扣好挂好。

珠宝首饰、大额现金、重要文件等贵重物品不要放在房内显眼位置，可锁在房间内的保险箱内，或交与总台专门保管。

4）爱护设施

要爱护入住房间内的设施，如桌、椅、灯具、浴具等。使用时应正确使用，不要用力拧、砸、敲，若有损坏要予以赔偿。不要以个人喜好而随意搬动房间内的家具、沙发等，要保持房间内的原貌。最好不要躺在床上吸烟，不要在房间内乱弹烟灰，以免烧坏床单或地毯，甚至引起火灾。一般酒店备有专门的擦鞋布，不要用枕巾、床单等来擦鞋，这样很不道德。

设施完善的宾馆里通常会设有康乐中心，康乐中心是为住店客人提供娱乐、体育、健身、声像、文艺、美容等服务的场所，一般配有音乐厅、音乐茶座、卡拉OK歌舞厅、家庭影院、电子游戏室、保龄球、台球、网球、高尔夫球练习场、游泳场、机械健身室、桑拿浴、芬兰浴、美容、美发、化妆等，在康乐中心活动时需要爱护设备，使用中需要遵守各项规定。

5）离店礼仪

离店时注意检查自己所携带的物品，不要丢三落四。走前检查房间，不要把房间弄得太脏，不要让房间留下"鬼子"扫荡之后的状态，除了房间内的洗发露、牙刷、肥皂、信封、信纸之类的一次性小物品外，不要顺手牵羊拿走房间内的毛巾、烟灰缸等酒店物品。离店时在总台办理好离店的一切手续，要向你所遇到的酒店员工表示感谢，就算今后可能不再入住这家酒店了，也要给他人留下一个好印象。

2. 宾馆礼仪规范要点

1）尊重为你服务的人

与门卫、服务人员相处应注意平等相待，尊重其人格。当门卫为自己开启大门，或向自己问好时，应表示感谢，或予以回应。在总服务台登记客房或咨询问题时，不能趾高气扬、咄咄逼人，也不必低声下气，当得到对方服务和帮助后应表示感谢。

2）礼貌搭乘电梯

搭乘有人服务的电梯时，应清晰地报出自己欲去的楼层，并随后道一声"谢谢"，尽量不要自己按楼层号，那样是无视对方的存在。

3）感谢行李员

当行李员将行李送达房间，或到房间取行李时，应对其表示谢意，不要对对方不屑一顾、不答不理，或提出过高要求。

4）尊重服务员

当客房服务员进入客房，打扫卫生、送开水和报刊时，应表示欢迎，并且道谢。在走廊里遇上了客房服务员，尤其是对方首先向自己打招呼时，应向对方问好，予以回应。

5）接待客人有礼有节

最好不要在客房内接待普通关系的异性客人。确有必要，最好不关闭房门，时间也不宜超过半小时。

6）拜访客人有规有矩

在拜访客人时，应先按门铃，不要推门而入，应该在得到允许后再入内。若已先有他人在座，应改时再去，不要主动介入，免得有碍主人的交际。夜晚9点之后，早上8点之前，通常不应前去打扰；午休时刻，也不要登门拜访对方。

7）礼貌用餐

在宾馆内，通常都设有专供客人使用的餐厅。在宾馆内用餐时，应注意以下几点：

（1）耐心等候。在酒店吃早餐时，应对服务员谦和有礼，当服务员忙不过来时，应耐心等待，不可敲击桌碗或喊叫。

有些热门的餐厅，最好提前打电话预订座位。遇到人多时，应耐心地排队等候。

（2）尊重侍者。在点菜、用餐、要饮料时，对侍者态度要平等、和蔼。

（3）正确使用餐具，见第2章第7节餐饮礼仪内容。

8）愉快离开

离去时，及时结清账单，遵守宾馆和酒店的制度，不发牢骚不催促结账，愉快合作，满意而归。

4.3.2 宾馆礼仪操作技巧

1. 操作技巧一：宾馆内着装

在宾馆内部活动时，着装既要与周围环境相协调，又要文明得体，不失身份。如在宾馆进行商务活动，则需着正装；如在宾馆进行度假、旅游、休闲，可着休闲装，但不可穿着过于暴露或穿睡衣、拖鞋进入宾馆大堂、餐厅等公共场所。

2. 操作技巧二：尊重服务人员

对待宾馆服务人员要有礼貌，交谈和询问应该使用礼貌用语，行为举止符合礼仪规范，如图4.22所示。在总台办事或问讯时应该耐心等候或与其友好交谈如图4.23所示。

图4.22 对宾馆服务人员要有礼貌问答　　　　图4.23 耐心等候与交谈

3. 操作技巧三：正确使用宾馆的康乐中心

在宾馆之内娱乐、健身时，打扮要行动方便，吻合环境，即为得体。如健身房内应得体穿戴、举止有度，如图4.24所示。

4. 操作技巧四：保持卫生

（1）放好个人物品。

（2）维持房间整洁。

（3）注意浴室卫生。

（4）遵守警示牌提示，见图4.25所示。

（5）尽量避免在房间内食用气味难闻的食物，如榴莲、臭豆腐等。

图 4.24　健身房内得体穿戴、举止得体

图 4.25　警示牌

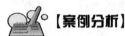【案例分析】

在一家涉外宾馆的中餐厅里，正午时分，用餐的客人很多，服务小姐忙碌地在餐台间穿梭着。有一桌的客人中有好几位外宾，其中一位外宾在用完餐后，顺手将自己用过的一双精美的景泰蓝食筷放入了随身带的皮包里。服务小姐在一旁将此景看在眼里，不动声色地转入后堂，不一会儿，捧着一只绣有精致花案的绸面小匣，走到这位外宾身边说："先生，您好，我们发现您在用餐时，对我国传统的工艺品——景泰蓝食筷表现出极大的兴趣，简直爱不释手。为了表达我们对您如此欣赏中国工艺品的感谢，餐厅经理决定将您用过的这双景泰蓝食筷赠送给您，这是与之配套的锦盒，请笑纳。"这位外宾见此状，听此言，自然明白自己刚才的举动已被服务小姐尽收眼底，颇为惭愧。只好解释说，自己多喝了一点，无意间误将食筷放入了包中，感激之余，更执意表示希望能出钱购下这双景泰蓝食筷，作为此行的纪念。餐厅经理亦顺水推舟，按最优惠的价格，记入了主人的账上。

一周后一天的中午，有几位客人入住了这家酒店。这几个客人办好入住手续、搬好行李后，便立即到二楼的中餐厅去用午餐，用餐时几位客人喝酒喝得非常高兴，在餐厅里又是唱歌又是打闹，其中有一位客人随口"啪"地一声把痰吐在铺有地毯的地板上，而另一位客人由于饮酒过量，面色苍白，没来得及去洗手间，就埋头呕吐起来……在旁边用餐的另外一些客人见此情景，纷纷皱起眉头，快速用完餐离开了餐厅。

请分别评述这位外宾、服务小姐和餐厅经理的做法。分析入住的几位客人违反了酒店礼仪的哪些规则？

4.4 出国礼仪

4.4.1 出国礼仪知识点拨

1. 出国礼仪的基本要求

在国际交往中，礼仪问题是一个非常实际而又敏感的问题。对礼仪知识的了解与运用，不仅影响社交的质量，有时还会起到决定成败的作用。不仅要遵守国际交往惯例，而且要了解各国不同的礼节、礼俗，尊重各国的礼仪规则，才能做到不卑不亢、落落大方，在世人面前展现中华民族的良好风范。

1）人人平等、不卑不亢

国家间会因为环境、人种、民族、经济、信仰等差异，在风俗习惯上形成各自的特色，但我们在日常交往中要维护自己的人格尊严，人人生而平等，不要藐视他人，也不必卑躬屈膝。在国际交往中坚持"不卑不亢"原则，是每一名涉外人员都必须给予高度重视的问题，既要热情友好、落落大方、尊重对方，也要捍卫国家和自己的尊严。

2）尊重隐私、热情有度

中国人自古热情好客、以礼待人，涉外交往中也要发扬中华民族的优良传统，不仅待人要热情友好，更要把握热情友好的具体尺度，不要对外国友人表现得过于关心，让对方难以适从。国人在交谈中常常会询问"是哪里人"、"以前从事什么职业"、"待遇怎样"、"怎么好久没见到你"等问题，在国外会让人觉得是好奇心过盛，不懂得尊重他人隐私，如图4.26所示。

图4.26 不随便问隐私问题

尊重隐私，是日常交往礼仪中的重要原则之一，在交谈中尤其是与国际友人接触时，要避免涉及政治立场、种族肤色、宗教信仰、个人经历、婚姻家庭、健康状态、职业、年龄、收入等话题，同时还要保护好个人隐私，不要随意公开自己和他人的信息和情况。

3）入乡随俗、尊重差异

各个国家、民族因文化传统和民族习惯不同，都会有一些特殊的风俗习惯。对这些特殊的风俗习惯，应表示理解和尊重，不需要评判是非、鉴定优劣。

俗话说，不要把自己的规矩带到别人的家中，要意识到习俗差异的客观存在，并学会欣赏和尊重这种习俗差异。入国而问禁，入乡而问俗，入门而问讳，去一个新地方，应了解当地的风俗习惯、法律规定，了解新环境的礼俗、禁忌，才能取得理想的交际效果。

在国际交往中，面对自己不了解到底该怎样做的情况时，可以先视察他人的正确做法，加以模仿，或是和当时的绝大多数在场者行动上保持一致。

4) 守时守约、诚信于人

在西方，有两种人是最不受欢迎的，一是失约并且事先没打招呼的人；二是不守时的人。北欧国家对守时极为看重。信守承诺，首先要谨慎许诺，一切从自己的实践能力以及客观可能性出发，切勿草率从事，轻易承诺；其次要重视许诺，一旦许诺，就应信守承诺，言而有信。

5) 女士优先、热情有度

"女士优先"原则的要求是，在男女同在的社交场合中，男士要照顾、礼让女士。成年男子都有义务自觉主动地以自己的实际行动去尊重妇女、体谅妇女、关心妇女、保护妇女，并尽心竭力地为妇女排忧解难。这项原则在涉外交往中不仅是世人皆知，而且早已逐渐演化为一系列具体的、可操作的规范，同时也是衡量男子是否具有文明教养和礼仪风度的标准。

涉外交往男女应该注意尺度，与人热情有度、距离有度、关心有度。

2. 涉外礼仪及出国手续

国际交往中除了常用的见面礼仪，还有其他基本礼仪，如称呼礼仪、陪车礼仪等。这些礼仪也是国际交往中比较常用的，因此要重视对其他基本礼仪的了解、掌握和使用。

1) 称呼

"称呼"主要是指人们交往中彼此的称谓语，来表明彼此关系。

(1) 国际通用称呼要求。一般对男子统称为"先生"，女士为"夫人"、"女士"、"小姐"。通常已婚妇女称"夫人"，未婚女子称"小姐"。在不了解女性是否已婚的情况下，可以称"小姐"、"女士"。目前，"女士"已经成为国际公认的对女性的尊称。

(2) 称谓。职务称呼，如"总统阁下"、"部长阁下"、"主席先生"、"经理先生"等；专业技术称呼，如"××教授"、"××博士"等。

2) 涉外迎送

迎客和送客是涉外活动中非常重要的两个环节。做好涉外迎送工作主要应注意以下几点。

(1) 确定迎送规格。主要依据来访者的身份和访问目的，适当考虑两国关系，同时要注意国际惯例，综合平衡，按常规办理。

(2) 掌握抵达和离开的时间。迎来送往必须准确掌握来宾乘坐飞机(火车、船舶)的抵离时间，及早通知全体迎送人员和有关单位。

(3) 介绍。迎接客人时要互相介绍。通常先将前来欢迎的人员介绍给来宾，可由礼宾交际工作人员或其他接待人员介绍，也可以由欢迎人员中身份最高者介绍。客人初到，一般较拘谨，主人应主动与客人寒暄。

(4) 礼宾次序。国内的礼宾次序往往以左为尊，会议、宴请时主人常常把左边的位置留给客人以示尊重。而在国际交往中，大到政治协商、商务往来、文化交流，小到私人接触、社交应酬，但凡有必要确定并排列具体位置的主次尊卑，都参照"以右为尊"的原则。

应当说明的是，在接待外宾时，当主人去外宾下榻的地方进行拜会或送行时，主人的身份应当是"客人"，这时外宾应该被看做"主人"。见面最好是安排在宾馆大堂或者商务区进行，外宾大都把私人住所看成是私生活领地，应避免未受邀请就到房间拜会客人。

3）办理出国手续

（1）申办护照。护照是各主权国家发给本国公民、入国（境）和在国（境）外旅行、居住的合法身份证件和国籍证明。商务人员出国必须持有护照以便有关当局检验时出示，并享受我国的外交保护。商务人员出国应在外交部或省、自治区、直辖市人民政府外事办公室和外交部授权的一些外事办公室办理因公普通护照。

商务人员领到护照后，要认真核对护照内所列内容是否准确无误，并在持护照人栏内用汉字或持照人本民族文字签名，不能使用汉语拼音或英文，也不能由他人代签。

出国前，要凭护照办理所去国家和中途经停国家的签证、购买国际航班机票或车船票等，在国外要凭护照住旅馆、办理居留手续等。因此，护照必须妥当保管，不得污损、涂改，谨防遗失。上海市申领护照流程如图4.27所示。

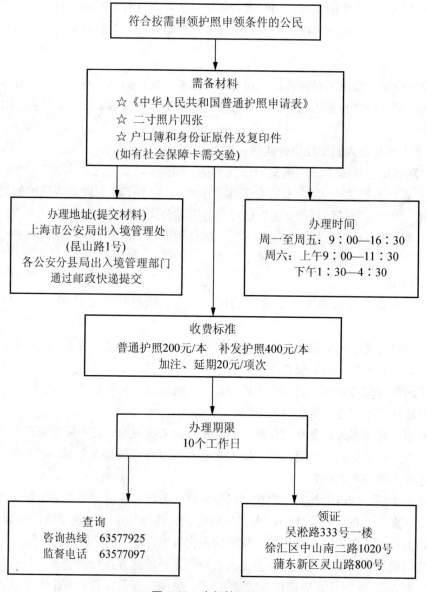

图 4.27　申领护照流程

(2) 申请签证。签证是一个主权国家主管机关同意外国人出入、留居或经过其国境的许可证明。签证和护照同时使用，其形式是在护照或代替护照的证件上加盖印章并签署，这是一个国家为维护自己的主权尊严和利益而采取的一项措施。商务人员的出国签证，由外交部领事司签证处或各省、自治区、直辖市人民政府外事办公室护照签证处到驻华各使、领馆办理。

当出国人员取得签证后，要仔细检查签证种类和停留时间是否与申请的相符，领事馆是否已签名盖章等，避免入境时出现不必要的麻烦。

近年来，随着国际交往的发展，许多国家对签证的规定趋于简化，有些国家可互免签证，凭护照就可以通过。我国商务人员出国持用因公普通护照可免办签证的国家有朝鲜、南斯拉夫、罗马尼亚、圣马力诺、厄瓜多尔、秘鲁、保加利亚、巴基斯坦、古巴、蒙古、老挝、孟加拉国、土耳其、越南、摩尔多瓦、土库曼斯坦、贝宁、格鲁吉亚、阿塞拜疆、亚美尼亚。

(3) 订购机票(车、船票)与乘机。商务人员出国前，应根据实际情况选择方便、经济、合理的路线，尽可能选择直达航班或过境停留次数较少的航班，以缩短旅行的时间，减少起落次数。

根据民航有关规定，凡乘坐中国民航班机，须凭本人身份证或护照提前到民航售票处或代理点办理订座手续，填写"旅客订座单"，交纳订座费。购票后，应仔细核对，以免旅途中遇到麻烦，甚至影响旅行。

4.4.2 出国礼仪操作技巧

1. 操作技巧一：勿带违禁物品出入境

各国出境游禁带物品见表 4-6。出入境携带物品注意的事项见表 4-7。

表 4-6 各国出境游禁带物品列举

国 家	禁带物品
土耳其	当地法律对石头、文物的保护规定甚是严格，购买纪念品请索要正规发票
非 洲	带出象牙制品可能被判"无期徒刑"
英 国	肉制品、乳制品、蛋类禁入
澳大利亚	肉、蛋、牛奶禁入，允许携带水果、中药材，西药需要医生处方
美 国	肉类(无论干、湿，是否包装)、月饼、水果、蔬菜禁入

表 4-7 出入境携带物品注意事项

注意事项	具体内容
携带货币出入境不要超量	出境时携带有超额的现金，又没有主动向海关申报，一经查获，可能遭受行政处罚甚至没收现金；可以办理汇票、旅行支票，或者带卡出境
携带需带入境的物品出境	携带小型摄影机、手提式摄录机、照相机、便携式收录音机、手提式电脑等旅行自用物品等，记得走红色通道，并向现场海关申报
携带入境物品要依法纳税	携带需缴纳关税的物品，应走红色通道，向海关申报。携带物品的完税价格以海关审定的完税价格为准，而非按照您购买该物品的实际价格
禁止携带违禁物品出入境	枪支、毒品、精神药物、珍贵文物、濒危动植物及其制品以及对中国政治、经济、文化、道德有害的书籍、光盘等物品均为国家严厉禁止进出境的

2. 操作技巧二：支付小费

在国外，无论在机场、旅馆，还是乘出租汽车，在饭店吃饭，都要付小费。付小费要注意场合，讲究方法，做到顺乎自然，各领其意，如图4.28所示。支付小费的注意事项见表4-8。

图4.28　根据不同场合礼貌支付小费

表4-8　支付小费的注意事项

注意事项	具体内容
尊重对方	国外主要收小费的行业： ① 酒店：门童、行李员、送餐员、客房服务员等； ② 餐厅：领位员、服务员、保洁员、乐手等； ③ 美容休闲：美容师、美发师、泊车者； ④ 影剧院：衣帽厅侍者、节目单发放者、剧场领位员等； ⑤ 观光旅游：导游、跟团驾驶员、出租车司机等
掌握时机	付小费要悄悄给对方，方式多种多样，可以把小费放在盘子下面，也可以在和招待员握手告别时放在他们手里，或把找回的零钱留下作小费。对机场车站旅馆的搬运工，可以公开付小费
按质付费	① 服务员：税前账单的15%～17%，5星级餐馆或大型聚会要20%； ② 出租车司机：总账单的15%，不低于25美分； ③ 送餐服务生：短途＄1～2，长途＄2～3； ④ 机场行李搬运工人：每个包裹＄1～2； ⑤ 旅馆服务员：搬行李＄10，引领你到房间＄5； ⑥ 客房服务：账单的15%； ⑦ 理发师：15%。 小费到底该付多少，各国各地不一，应根据当地习惯和各种具体情况来决定
地区差别	亚洲的泰国，欧洲的英国、法国、瑞士、意大利，美洲的美国、加拿大、墨西哥以及中东等国家和地区是有付小费的习惯。但在新加坡付小费会被认为是服务质量差，所以禁止付小费，澳大利亚也没有付小费的习惯

【案例分析】

小李和同事到美国出差，来到一家餐厅用餐，门口有顾客在排队等候，小李见前面排队的人之间都空着一段距离，就赶紧带着同事挤到队伍里。进入餐厅后侍者A一直为他服务。等到用餐结束，小李随便叫了身边的一个侍者来结账，那个侍者礼貌地应答后就走开了，过了一会侍者A过来结账了。正当小李付钱时，同事就提醒小李说国外用餐是要付小费的，于是小李便将钱拿在手上一面摆动着，一面对侍者高声说道："这是给你的小费"。

请分析。小李的方式有什么问题。

本章小结

本章讲述了通讯与出行礼仪的主要内容和理念，分析了通讯、出行、入住宾馆和出国礼仪的规范要求与操作技巧。其中通讯礼仪论述了拨打与接听电话的礼仪要求，分析了使用手机、网络、信函的基本原则；出行礼仪强调了乘坐公共汽车、地铁、电梯、乘船、乘飞机和乘轿车的注意事项；宾馆礼仪分析了文明入住宾馆的基本要求与内容；出国礼仪讲解了出国手续、涉外礼仪原则和规范要求等。每节结合一个场景案例进行分析，探讨了通讯与出行礼仪操作技巧方面的内容要点。

复习思考题

1. 简述使用网络礼仪有哪些基本要求。
2. 乘坐轿车的座次礼仪操作要点有哪些？
3. 简述宾馆礼仪的内容包括哪些。

第5章

公共场合礼仪

GONGGONG CHANGHE LIYI

【学习目标】

(1) 了解公共场合礼仪的内容。
(2) 掌握图书馆、医院礼仪要点。
(3) 掌握公园、运动会礼仪要点。
(4) 灵活运用公共场合礼仪技巧。
(5) 能够在公共场合展现良好的礼仪修养。

5.1 图书馆礼仪

高尔基说："书是人类进步的阶梯"，"爱书吧，它是你知识的源泉"。书籍能陶冶情操，而图书馆拥有着成千上万的馆藏，因此它既是一个知识的海洋，又是一个科学的殿堂，进入图书馆，就是进入了"终身学校"。所以，读者在图书馆汲取知识、陶冶情操的同时应注重图书馆礼仪。

5.1.1 图书馆礼仪知识点拨

1. 图书馆礼仪要点

图书馆既是人类智慧的宝库，也是学习和交流知识、获取信息的公共场所，来这里或借阅图书资料，或查看报刊杂志，都能丰富充实自己的精神世界，提高自己的文化修养。所以，到这种场合应当注意自身礼仪。例如，在阅览室，不要同时将几本书放在面前，而应只拿一本，将更多的书留给其他人看。

在图书馆里讲究礼貌公德，体现出的是一个人的文化知识素养。读者在获取知识的同时，也应遵守图书馆的基本礼仪。图书馆的基本礼仪有以下四个方面。

（1）秩序。进入图书馆要注意维持公共秩序。借书时要按先后次序排队，人多时，要按次序进入，不要争先恐后，更不要后来居上。进入图书馆阅览，不可为他人预先占座，这对其他阅读者来说是非常不礼貌的行为。

（2）就座。在图书馆内就座阅览时，移动椅子要特别注意不发出声响，以免干扰其他人阅读。在别人暂时离开座位时，不要因为人家的位置好而抢占。如果在图书馆学习，不要占太大的桌面，尽量多让出桌面给别人。

遇到熟人时不要和其高声谈笑，尽量少说话，在讨论时尽量小声说话，更不能大声喧哗，若需长时间讨论，应到室外交谈。阅览时应轻翻书页，尽量不发出声音。

（3）卫生。在图书馆内阅览，应注意保持室内卫生。做到不吃零食、不扔废纸。查阅图书目录卡片时，不要把卡片翻乱、撕坏，也不能在卡片上涂画。阅览时，要爱护图书，不要往书本上画线、不要折角，更不能撕页；要爱惜图书和公物，桌椅上不能乱刻乱画；图书要轻拿、轻翻、轻放。不损坏图书，私自剪裁图书是极不道德的行为。

（4）归还。在阅览图书时，遇到有价值的资料，应与管理人员联系，经允许后可复印或照相，以保存资料。对开架图书应逐册取阅，不要同时占有多份，以免造成借阅多看不完的尴尬，阅后应立即放回原处，以免影响其他人阅读。定期借阅的图书应按期归还，以便给别人留出阅读的时间。

2. 图书馆礼仪规范注意事项

（1）礼仪的最基本原则是要体贴他人，毋庸置疑，在图书馆里要保持安静。在办理借书手续时，要低声同图书管理员交谈；在图书馆里，要做到不说话或通电话、不与旁人窃窃私语、走路步履要轻盈，最好不要穿钉铁跟的皮鞋，鞋底不发出声音。

（2）在图书馆应衣着整洁，不穿拖鞋进图书馆，不随地吐痰，保持安静和整洁卫生。

（3）在图书馆学习要讲文明、讲礼貌、讲卫生，如离开图书馆时应清理干净自己的座位。

（4）在图书馆应自觉爱护图书馆的公共设施和图书。

（5）养成图书馆阅读好习惯。如有序排队、看完归位、轻取轻放、礼貌咨询等。

5.1.2 图书馆礼仪操作技巧

去图书馆看书阅读，在丰富自我知识的同时，也能有效地历练自身的礼仪修养。在图书馆阅读要遵从"三J"原则和"四要、四不要"原则。

1. "三J"原则

图书馆是人类文化的宝藏，应该干净、整齐，阅读者应对其充满崇敬之情，并安静看书阅读，因此在图书馆阅读要保持"静、净、敬"，这三个字的汉语拼音第一个字母都是J，所以简称其为"三J"原则。具体来讲，"三J"原则要做到六个字：轻、静、洁、净、雅、敬。

1）轻、静

图书馆常有警示牌（图5.1）贴在高墙正中或明显的地方，在其上归纳了在图书馆中应遵守的礼仪。保持图书馆内的安静，就要求读者做事要轻手轻脚，说话要轻声细语。

进入图书馆走路要轻，入座起座要轻，翻看书刊要轻。在图书馆里要尽量少说话，遇到朋友最好以点头微笑的方式打招呼；如果确实需要与学友交换意见，应简明快捷、附耳低语，较长时间的讨论应到室外。在安静的学习环境里，任何人旁若无人的谈笑、喋喋不休地说话都是很失礼的。

2）洁、净

这里的洁、净是针对如下两方面而言的。

（1）重视个人仪表的整洁。仪表就是人的外表，包括容貌、服饰和姿态等（详见第2章的相关内容）。由于图书馆是公共场所，因此读者应注意自己的仪表礼仪，塑造自己的最佳形象，如图5.2所示。具体要做到：①面容清洁，头发梳理整齐，这样会给人留下生机勃勃精神饱满的好印象；②保持双手的干净，没有油腻污渍，这样才不至于翻书时把书弄脏；③着装整洁得体，每个纽扣都要扣好，不要披衣散扣。

图5.1 图书馆警示牌举例

图5.2 阅读穿着得体

（2）保持馆内环境的干净。图书馆是读者共同学习的场所，每个人到图书馆都有义务讲究卫生、保持整洁。例如，在雪雨天进图书馆时，应注意把雨具放在指定地点，并应把鞋底的泥水弄干净，以免溅到其他读者身上或把图书馆的地面弄脏。

在图书馆阅读时，不要乱扔纸屑、不要随地吐痰、不要大声咳嗽、不要吃零食或嚼口香糖。在图书阅览室内边看书边吃东西，不仅影响他人阅读，破坏学习气氛，还易弄脏图书。

离馆时，要把书刊放回原处，不能随便放在桌子上。自己的纸笔要记着带走，废弃的纸张应自觉扔到馆内的垃圾篓中或带到馆外扔到垃圾箱内，自觉把桌椅复归到原位。

3）雅、敬

雅指的是自我举止文雅；敬指的是对人恭敬礼让。进入图书馆，应自觉排队，借还图书时，应双手将书递到工作人员手中，并注意使用"您好"、"请"、"帮"、"谢谢"等礼貌用语。如果借还书的人很多，要耐心等待，既不可连声催促工作人员，也不可走来走去。言行失当会遭到别人的鄙视和侧目。

将公共图书据为己有或将书中有精美插图、精彩段落的书页撕下来，都是非常不礼貌且缺乏修养的行为，应该受到谴责与批评。现在多数图书馆已提供了复印服务，如果确实需要某种资料的话，可征得工作人员同意后，到指定处复印。决不可为了占有资料而不惜损坏图书。至于有的人在书上画线、做标记或折页、写字，甚至作出为蒙娜丽莎添上胡须、为莎士比亚戴上太阳镜之类的恶作剧，同样应该受到谴责，图5.3中添上胡须的蒙娜丽莎已不再迷人。

图5.3　被人添上胡须的蒙娜丽莎

礼让是中华民族的传统美德，在所有公共场所中都要有一种"礼让精神"。进入图书阅览室，自己找个座位就行，不应为别人占座位。如果临时走开，回来时发现座位上坐了别人，不应赶走人家。倘若确需这个座位，而且走时留下了书本，但仍被他人占据，此时不妨轻声商量，互相谅解。现代社会由于考试和升学的压力使得很多图书馆出现"占座"现象，如图5.4所示。

图书馆作为公共场所，有空位人皆可坐，但欲坐在别人旁边的空位时，应有礼貌地请问旁边是否有人。同时，图书馆的管理者也应加强对图书馆使用率的管理，从而使图书馆的秩序更加规范。如采用离座计时单的方法（见表5.1），离开座位超过一定时间没有归位的读者，视为自动放弃座位，其他读者可继续使用该座位。

图 5.4 图书馆的"占座"现象

表 5.1 离座计时单

离开人	
离开时间	我于____时____分离开
离座说明	如果我在三十分钟内未按时回来,将视为自动放弃座位,其他同学可以将我的物品移至一边并使用该座位
日期	____年____月____日

2. "四要、四不要"原则

"四要、四不要"原则是图书馆行为规范的凝练,其用于指导读者应该做什么、禁止做什么,具体内容见表 5.2。

表 5.2 图书馆规范——四要、四不要

四要	四不要
借书还书时,要认真排队	不说话或通电话
看书时,要爱惜图书	走路时鞋子不发出声响
看完后,要将图书归还在指定位置	不吃东西,不嚼口香糖
离开时,要将桌面清理干净,并将座椅向书桌靠拢	不占座,不把自己的包放在旁边暂时没有人坐的座位上

【案例分析】

周六下午三点钟,某学校图书馆里非常安静,很多同学在这里学习、阅读。突然,姚同学电话响起。

姚:喂,你说什么,大声点,没听见。(坐在阅览室,拿着手机打着电话)

李同学:咳咳咳。(坐在其旁边的同学眼神轻轻地瞥了一眼姚同学,无奈地摇摇头,瘪瘪嘴,然后继续埋头看书。)

姚:(丝毫没有觉察出自己的声音在阅览室显得有点突兀,仍然大嗓门儿地接电话)你是说真的吗?周杰伦要到你们学校开演唱会?哈哈,不是吧?你一定要等我哦!我肯定要去看演唱会,千载难逢的机会啊,即使飞檐走壁,逃课装病,我都不会错过!(姚同学激动地从座位上跳了起来,夸张地笑出了声。)

李同学:咳咳咳咳咳咳。(看不惯地盯了姚同学几眼。)

(姚同学感受到李同学热烈的视线,没有一点抱歉的感觉,并回瞪过去,然后心满意足地挂掉电话，挎着包走了。）

李同学：现在的学生啊，还知道在图书馆要讲究最基本的文明礼貌么？素质啊，咱学校正宣扬的素质教育，不知道宣扬到哪里去了，唉。

两分钟后。

丽丽：唉唉，你跑那么快干吗？慢点儿，前面有人——

李同学：哎哟（把刚才借的书放回书架后，转身正准备回座位，就被一个人撞到了旁边的书架上，而那人手中的饮料无情地洒在了李同学的身上）

小美：对不起，对不起，同学，我不是故意的。（一副抱歉的样子，双手合拢，赶忙弓着身子道歉。从后面赶过来的丽丽，也赶紧拿出纸巾给李同学擦身上的饮料）

李同学：郁闷地站直身子，上下打量了一下这位同学，本来一肚子的火，又被狠狠地压了下去）算了，没什么，我先去卫生间清洗一下。

（丽丽和小美嬉笑着随便找个座位坐下，丽丽拿出耳塞戴上，听起了音乐。小美嚼着口香糖，认真地翻着书）

丽丽：我就说吧。（小声地说话）

小美：什么？（疑惑地眼神盯着丽丽）

丽丽：你是一个冒失鬼呗！哈哈……

图书馆再也不能回到最初的平静了，有的同学隔着好几米远在叫别的同学，有的同学在嚼口香糖，有的在背英语，甚至有的同学还在走廊狭小的空间里追逐。

请找出上述案例中有哪些地方违反了图书馆礼仪。

 5.2 医院礼仪

5.2.1 医院礼仪知识点拨

1. 医院礼仪基本知识点

每一个人生了病，都想尽快地恢复健康，最好的办法莫过于请医生看病或到医院诊治。就医时也要讲文明、懂礼貌，以下几点要务必注意。

1）遵守医院的规定

病人到医院后要遵守医院看病的规定，首先是挂号、候诊，然后等待护士叫号。在候诊室等待的时候，应耐心而不急躁，不要大声喧哗，也不可在候诊室及挂号区吸烟、随地吐痰、乱丢纸屑果皮，以保持一个安静、清洁、舒适的诊治环境。当护士还没有叫到自己时，不要走动不止，或围在医生身旁，这会影响医生的正常工作。一旦被叫到名字或编号，应该礼貌地答应一声，随后到指定的位子就座，不要迟疑拖拉，烦劳医生一再呼叫。

在医生没有开口询问病情以前，不要急于陈述，因为医生要先看看病历，或做些诊断前的准备工作。待医生问话时，再有条不紊、实事求是地向医生陈述病情。

2）要尊重医生、信赖医生

有些病人喜欢一知半解地对自己的病乱下结论，胃痛就以为是溃疡，胸闷就以为得了心脏病。并努力使自己的结论影响医生，这是很危险的。在就诊过程中，病人一般要按照医生的提问依次回答，如实提供病情症状，让医生科学诊断治疗。

医生诊断疾病的第一手资料是病史，作为病人必须严肃认真对待，决不能弄虚作假。对疾病的诊断，有时病人与医生会产生矛盾，即病人对医生所下的结论心怀疑虑。这时，病人可有礼貌地向医生述说自己的疑虑，请医生再作考虑，并为自己释清疑虑。切不可看到诊断结论和自己的预想不符就随意打断医生的话，甚至和医生发生争执。

3）不点名要药

病人一般不应该向医生点名要药，更不能为拿到价格昂贵的药而谎报病情欺骗医生。其实，用药不在其价贵，而在其对症。即使久病成医，略知哪几味药适用，也只能诚恳地向医生说清原委，一一征求医生的建议。

4）不充内行强提要求

有些慢性病患者，由于长期受疾病折磨，总希望医生能做一些特殊检查、全面检查。例如，有的人经常胸闷心慌，唯恐心脏有病变，希望做一个心电图检查；有的人长期头痛，怕自己得脑病，希望能拍头颅片或脑电图；腰痛患者希望拍腰椎片，等等。作为病人提出这些要求是可以的，但要尊重医生的意见。首先应该详细向医生诉说，让医生根据情况做适当检查，如果医生认为目前不做特殊检查即可以下结论，那么就应该接受医生的意见，配合医生治疗。不能随心所欲地提出检查项目和要求，即使是老病号也要征求医生的意见，开什么药、用什么方法治疗，千万不要自充内行、自以为是、一味强求。

如果有些不同想法和异常感觉，可以向医生提出来，讲明自己的疑虑，请医生重新诊治，但态度要诚恳，用商量的口吻询问医生。

5）冷静对待问题

如果偶尔遇到不负责任的医生，敷衍了事，也要抱着与人为善的态度，耐心地询问医生，请医生采取必要的措施帮助病人解除疑虑。如还不能解决问题，也不能出言不逊；可向医院的有关领导反映情况，请其根据医务工作者的工作准则判断是非，做出处理。

6）支持年轻医生工作

生了病，想找个有经验的医生，明确诊断，开出佳方，争取早日痊愈，这是人之常情。有的人认为年龄大的医生经验丰富，对疑难病的判断诊治比年轻医生高一手，因此对年轻医生不放心。病人对新老医生应同样尊重，要相信年轻医生对病人同样是认真负责的，如果难以确诊，其会请教老医生的。

7）注意掌握同医生谈话的艺术

许多病人相信医生通过检查和诊断能发现一切病症，其实不然。医生了解病情的重要渠道是病人自己的叙述。一个谨慎的医生，会根据症状进行全面检查，从而做出诊断。如果以前生过病、家族有病史，或自己有头痛或胃痛等，应该把详细病史告诉给医生。向医生提供尽可能详细、准确的病史，让医生尽快做出判断。

同医生交谈时，应轻声细语，说的时候要准确描述，不要夸大或缩小情况，语言平和，态度客观。

2. 医院礼仪注意事项

医院既是救死扶伤的地方，也是一个特殊的公共场所。人们去医院看病，住院治疗；探望病人时，则应注意相关礼仪。

1) 看病礼仪

去医院看病，要遵守医院规矩，自觉排队挂号。就诊时，应尊重医生，并如实回答医生的提问。取药时，也应按先后顺序领取。

2) 住院礼仪

住院治疗的病人要听从医生的安排，积极配合医生治疗疾病。住院期间，应尊重医护人员，遵守病房的作息制度，自觉保持病房的卫生，并与其他病友友好相处，互相关照。

3) 探望病人礼仪

去医院探望病人时，要注意以下事项。

（1）选择恰当的时间。通常在下午 3~4 点去医院探望病人比较适宜。

（2）携带合适的礼品。探望病人时，可根据病人所患疾病及其病情，携带合适的礼品。如一束香味淡雅的鲜花、一本优美的小说或一些适合病人食用的水果、营养品等。

（3）讲些安慰的话语。探病者去医院探望病人时，表情宜轻松、自然、乐观，与病人交谈时应轻声，说些宽慰与鼓励的话。

5.2.2 医院礼仪操作技巧

（1）遵守医院规矩，自觉排队挂号。到医院看病，应该带齐病历本、病历卡等资料排队、挂号、检查、付款、取药。

（2）要保持医院的安静和整洁。

（3）入院要听从医生的安排，积极配合医生治疗。

（4）探望病人要选择适合的时间，携带合适的礼品。

【案例分析】

小王的父亲住院做手术，小王利用中午休息时间去看望他。刚坐下一会，他的电话就响了，铃声吵醒了邻床的一个病人，他很抱歉，连忙调到静音。一小时后，他又接到一个业务电话，就边走出去边说，在楼道里由于他的嗓门大，说话急促，几分钟后一位护士请他到外面楼下打电话，以免影响病人休息，小王尴尬地下楼了。

请分析小王的做法存在哪些问题。

5.3 公园礼仪

5.3.1 公园礼仪知识点拨

1. 公园和旅游景点礼仪要点

在社会交往中，人们经常会陪同家人、朋友或者客户去当地或附近的公园、景点区看看，欣赏美景或游览历史文化古迹，放松心情，发展友谊。去这些地点需要讲究礼仪规范，掌握基本常识，减少无心之失。

（1）着装应景，以简便、舒适为主。去公园看看和上班赴宴不同，我们在逛公园、旅游景点时的着装应以简单、舒适为基本特征，既不能选择过于正式的套装或礼服，也不能选择的太随便，像睡衣、背心之类过于休闲、家居的服装在游园时也不合适。

（2）养成好习惯，有爱护、保护环境的良好意识。公园和旅游景点都是公共场合，在其中活动时要保护环境，注意：① 不要乱扔废物，凡废弃之物，都要自觉将其投入垃圾桶或随身带走，不要信手乱丢；② 爱护花草，不要乱摘乱砍；③ 不损害公物，更不能盗窃公物。

（3）尊重景点，安心赏景，切勿扰人。

在公园或者旅游景点游玩时，注意安心赏景，专心听讲解，尊重每个景点和讲解人员，不打扰他人正常的参观与游览。诸如高声喧哗、载歌载舞、说脏话或大吃大喝，不仅有损个人形象，而且还破坏别人的心情。

（4）关爱生命，注意安全，并注意以下两点：

① 不要擅自闯入禁区，如悬崖峭壁、深水区等；

② 最好不要吸烟、点火或野炊，否则将有发生火灾的危险。

2. 公园游览守则

（1）自觉遵守公园开闭园时间。售票公园凭门票或有关凭证入园。

（2）自觉遵守"五不"文明规范和公民道德规范。

① 不得随地便溺、乱招贴、涂写刻划、搬移折损园内设施设备。

② 不得赤膊和随意卧躺、洗晒衣物、拾荒行讨。

③ 不得攀爬假山等设施。

④ 不得在河池中嬉水、游泳。

⑤ 不得擅自进行球类、放风筝等活动（除规定场所外）。

（3）不得嬉弄、惊吓、捕捉鸟类、蟋蟀、鱼虾、蝉类（经营项目除外）等各种动物，注意爱护公园的动物，与之和谐相处，公园里的孔雀和金鱼如图5.5所示，公园的动物干净，能给游客带来舒心愉快的记忆。不随意破坏树木、花卉生长。不得随意采摘、挖掘果实、种籽、泥土和捕捞水生植物等。

图5.5 公园里的孔雀与金鱼

（4）不得携带枪支弹药、易燃易爆物品以及其他危险物品进园。不得进行燃放烟花爆竹、烧烤、宿营等活动（除规定场所外）。

（5）游客游园时的自身行为不得影响他人游园。任何团体活动必须服从公园有关管理部门的管理。不得擅自进行聚众演讲、集会、募捐等活动，不准搞封建迷信、赌博及法律、法规明令禁止的一切活动。不得随意进行设摊、兜售、行医及散发广告宣传品等经营活动。

(6) 各种车辆未经许可不得进入园内（残疾人专用车除外），经许可进园的车辆须慢速缓行。

5.3.2 公园礼仪操作技巧

中国的园林有"凝固的诗，立体的画"之称，它既收入了自然山水美的千姿百态，又凝集了社会美和艺术美的精华。公园美景体现了人与自然的和谐之美，如图5.6所示。

图 5.6　公园美景

有了如此美景，在公园里游玩无疑是一件赏心悦目的事，因此，在游玩过程中，要遵守相应的礼仪，使公园的美景能够"永葆青春"。在公园里的礼仪操作规范有以下几点。

(1) 自觉爱护花草树木和绿色环境，不攀折花草、捕鸟捞鱼。

(2) 不踩踏草皮。公园的茵茵绿草是需要每个人自觉维护的。被践踏后千疮百孔的草地是很难修复的，践踏草地的行为也是不雅、不礼貌的。图5.7所示为被游人践踏的草地。

(3) 不要穿睡衣进入公园。

(4) 不要乱扔垃圾。

(5) 不要在公园建筑或树木上乱刻、乱画。在公园建筑上或树木上乱刻、乱画，是非常失礼的举动，尤其在受到保护的古树和纳入文化遗产的建筑上，应该坚决抵制随意刻画等不文明行为。图5.8是公园里的破坏古树的不文明行为。

图 5.7　被游人践踏的草地　　　　图 5.8　公园里的破坏古树的不文明行为

【案例分析】

2013年5月，网友"空游无依"发微博称，其在埃及卢克索神庙旅游时，在浮雕上看到"丁锦昊到此一游"的中国汉字，就这样出现在具有3000多年历史的埃及古迹上。5月16日，国务院副总理汪洋在贯彻实施旅游法电视电话会议上强调，部分游客素质和修养不高，旅游景区乱刻字、随地吐痰等不文明行为，有损国人形象，影响比较恶劣。要倡导健康文明旅游方式，提高公民的文明素质，树立中国游客的良好形象。

请问：对此现象你怎么看？

5.4 体育运动礼仪

5.4.1 体育运动知识点拨

2005年，中国斯诺克公开赛决赛在北京海淀体育馆举行，现场1500多个座位座无虚席，第13局是决定胜负的关键，此前以比分5∶7落后的亨德利瞄准击球准备反戈一击，而此刻一个意外发生了。在其击球一瞬间，闪光灯闪了一下，是正面冲其闪的，闪完之后，球打偏了，很明显，这样的比赛就是被这么一个闪光灯给毁了。

在观看体育运动比赛时，了解一些体育运动的礼仪知识、遵循一定的礼仪规范是至关重要的修养表现。

1. 赛场上的礼仪

运动员是比赛场上的主角，因而运动员的精神风貌是运动场文明礼仪的重要内容。对于每一位运动员来说，无论是胜利还是失败，都要保持良好的风度，不要因为比赛失利而怨天尤人、抱怨裁判等。要遵守各项比赛的规则和比赛礼仪，热情地与同场竞技的运动员打招呼，比赛结束后，应向获胜的运动员祝贺。

比赛都会分出胜负高下，但不要将对手视作敌人。对手胜利了，应真心诚意地向对方祝贺，如果自己获胜得到对手的祝贺，应向对手表示感谢。

运动员之间经常互换礼物，如纪念章等。当收到他人的礼物时，应该回赠对方礼物。参加国际性赛事时准备的礼物，价值无须过高，以纪念性的小礼品为主，应方便携带。

比赛中，应绝对服从裁判员的执法，不得做出过激的举动。有些项目身体接触较多，裁判有时候会出现一些错判和漏判现象，一旦做出判罚，就应该按比赛规则服从和接受，即使有不同意见需要提出申诉，也应按有关程序进行，切忌采取不文明的举动。

比赛时，不能以小动作干扰对方，更不得故意伤人，这些均属于不道德行为。如果遇到有观众喝倒彩或不友善的表示时，应不受干扰，并全身心投入到比赛中去。遇到观众的友好表示，要向观众表示感谢。队友之间要互相支持，服从教练的指挥，切忌在赛场与队友、教练发生争执。

2. 观众进场/退场礼仪

在体育场馆观看比赛，要遵守公共道德，自觉维护秩序。应该准时入场，以免入座时打扰别人。入场后，应对号入座，不要随意抢占别人的座位。如果想快点退场，应该在终场前几分钟悄悄走，以免散场时，在人群中乱穿、乱挤，造成混乱。

比赛中，若要提前退场，应在不打扰他人的情况下尽快离开。比赛结束时，应向双方运动员鼓掌致意。退场时，应按座位顺序退场，向最近的出口缓行或顺着人流行进，避免推挤带来不便和危险。应将饮料、矿泉水瓶、果皮杂物等带出场外。万一被推挤的观众围困，要记住"向最近的出口缓行"和"顺着人流前进，切勿乱钻"。

3. 观看比赛礼仪

在观看体育比赛时，要注意自己的言行举止。言行举止不仅是个人涵养的问题，同时也关系到社会风气问题。精彩的体育比赛振奋人心，欢呼和呐喊是很自然的事情。可以为自己所喜欢的一方叫好，但不应该辱骂另一方。如果是精彩的场面，不管是主队的还是客队的，都应该鼓掌加油，以表现出公道和友好。

在比赛中，应避免起哄、乱叫、向场内扔东西、鼓倒掌、喝倒彩等不文明行为。在比赛的紧要关头，尽量不要因一时激动而从座位上跳起来而挡住后面的观众。

体育场内一般不许吸烟，吸烟可以到休息厅或吸烟区。如果喜欢吃零食，不要把果皮纸屑随地乱扔。看比赛的时候，不要带年龄太小的孩子去，孩童来回跑跳、哭闹，既不安全又影响周围的观众。

观看体育比赛时的穿着，可以随气候、场所和个人爱好而定，但也要注意公共场所礼节，即便再热也不能光着膀子。在比赛中，切勿谩骂、起哄甚至围攻裁判、选手。

并不是所有的运动性比赛都需要激情的助威呐喊，在观看一些运动项目的时候需要保持安静。例如，观看跳水比赛、斯诺克、举重等项目时，并不能像看足球、篮球等比赛一样，长时间地加油、鼓掌和喧哗。对于运动员来说，观众的掌声能给其增加信心，但过分的掌声和喧哗同样会让其静不下心来，很容易造成技术失误。

5.4.2 运动会礼仪操作技巧

1. 在比赛过程中观众应文明助威

（1）助威时要有组织、有指挥。人们经常看到的助威队伍穿戴整齐，且有其自己的标志物，如图5.9所示。

图 5.9 助威队伍

（2）使用的口号、标语要有所选择，内容要健康。

（3）若赛场内允许使用锣鼓、乐器等时，要有指挥、有组织地配合比赛节奏进行。

（4）要遵守赛场纪律和规定，一切违禁物品不得夹带入场，如枪、鞭炮、汽油、刀剪、斧头等，如图5.10所示。

图5.10　运动会不许带入的物品

（5）不准投掷有可能伤及裁判员或运动员的物品。

（6）见他人有违纪行为时，要竭力劝阻。

2. 认识与欣赏体育比赛中的拉拉队助威

在运动会中，许多项目都少不了拉拉队的助威呐喊，拉拉队的历史可追溯到原始部落时期，当战士们狩猎凯旋归来时，人们给予欢呼及鼓励的动作。拉拉队作为体育运动中的一个项目，起源于美国，至今已经有100多年的历史。拉拉队类型可分为看台拉拉队、表演拉拉队、竞技拉拉队3种，如图5.11所示。

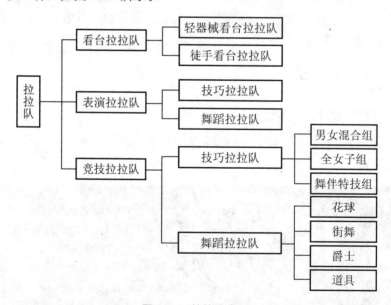

图5.11　拉拉队类型

拉拉队在音乐的伴奏下，以徒手或手持轻器械的技巧动作或舞蹈动作为载体，以团队的组织形式出现，为比赛助威、调节紧张对抗的比赛气氛，旨在体现团队意识与集体主义精神，反映朝气蓬勃的精神面貌，是具有竞技性、观赏性、表演性的一项体育运动，如图5.12所示。

图5.12 拉拉队表演

3. 不同比赛场地突发状况的解决方法

（1）室外运动比赛现场若出现下雨或其他天气，可以使用雨衣或者雨伞来避雨，撑起雨伞时需要注意身边的空隙，不要使尖物阻碍他人。

（2）比赛过程中，若出现由于情绪过于激动而身体不适的情况，需要及时休息，情况严重的，要及时送往临时医务处。

4. 重要比赛项目

（1）网球。要在比赛开始之前坐到自己的位置上。比赛中，应保持绝对安静，在一分的比赛结束时，才可开始加油叫好。拍摄比赛，绝对不可使用闪光灯，并将手机处于关机或设置在震动状态。捡到球员打飞的球后，要在每一分比赛结束后，才可扔入场地内。

（2）乒乓球、羽毛球。运动员在比赛的时候，特别是在发球时，观众不能使用闪光灯给运动员拍照并应保持安静。助威呐喊和鼓掌应该在一个球死球之后才可以。运动员比赛时，不要随意走动，最好在比赛暂停休息时再走动。

（3）击剑。击剑是一种绅士、贵族运动。观众应该注意如两个问题：运动员比赛时，观众要保持安静；裁判发口令时，观众不能再助威或鼓掌，以便运动员能清楚地听到裁判员的口令。

（4）田径比赛。田径运动是奥运会最受欢迎的项目之一，特别是短跑及接力项目是历届奥运会上最受关注的比赛。

观看田径比赛，不仅需要为运动员鼓掌、欢呼、叫好，更要学会配合运动员的比赛适时地进行有节奏地助威。

【案例分析】

2000年奥运会上，中国运动健儿的出色表现征服了各国观众，但是某些中国人的不文明习惯却给他国运动员、记者留下了不好的印象。有媒体报道，中国记者团几乎每个人都配备了移动电话，铃声是非常特别的音乐，在很嘈杂的场所也可以清晰分辨是不是自己的电话。但在射击馆里，当运动员紧张比赛的时候，这种声音就显得非常刺耳了。组委会为了保证运动员发挥出最佳水平，在射击馆门前专门竖有明显标志：请勿吸烟，请关闭手机。也不知是中国的一些记者没有看到，还是根本不在乎，竟没有关机。其实，把手机铃声调到"振动"并不费事。有外国人轻轻说："这是中国人的手机！"在陶璐娜决赛射击第七发子弹的关键时刻，中国记者的手机又一次响了。

请谈谈你对本案例的感受。

本章小结

本章讲述了公共场合礼仪的主要内容和理念，分析了图书馆、医院、公园和体育比赛礼仪的规范与操作。其中，图书馆礼仪论述了静、净、敬、轻、雅、洁的原则，医院礼仪强调了注意的事项，体育运动礼仪分析了观看比赛的礼仪内容、文明助威的要求等。并结合4个案例分析，在公共场合礼仪操作技巧方面进行了细致的探讨。

复习思考题

1. 简述图书馆礼仪规范的注意事项。
2. 医院礼仪的操作要点有哪些？
3. 简述观看体育比赛的礼仪内容。

第 6 章

休闲聚会礼仪

XIUXIAN JUHUI LIYI

【学习目标】

(1) 了解各种娱乐休闲场所的基本礼仪。
(2) 掌握出席高雅公共场所的相关礼仪原则。
(3) 学习休闲聚会礼仪的基本操作技巧,提升社交修养。

6.1 影院、歌厅礼仪

6.1.1 影院、歌厅知识点拨

1. 影院活动的基本要求

对许多商务人士而言，协同客户或同事、朋友前往影剧院观看电影、戏剧、音乐会等乃是一件乐事。因此，了解一定的影剧院礼仪是十分必要的。

1) 预先购票

请人观看电影、演出时务必提前购票，能给人感觉心诚的印象。如果是影响力大的演出或者最新的影片，可能会出现供票紧张，为避免让客人在影剧院门口长时间等候或者买不到票，可以通过电话、网络、提前到现场等方式预先购票。在现场购票时请自觉维护公共秩序排队购票，如图6.1所示。

2) 穿着得体

影院是公共场合，不能穿短裤、背心、拖鞋或者奇装异服进入电影院，特别是去看戏剧时更是如此。在许多人看来，影院也是高雅庄重的场合，着装应该大方、得体，体现良好的公民素质。

图 6.1 预先排队购票

图 6.2 观影服饰对比

3) 对号入座

自觉遵守此项规定能体现修养。在与别人一起观看演出时，应将较好的位置让给对方。有人占据自己的座位，应礼貌地请对方让座或请管理员调节。在任何情况之下，不要随意占据他人位置，不要和别人挤占同一座位。

4) 保持安静

观影请保持安静，避免大声交谈或手舞足蹈，并将手机关机或者调整静音，打电话请到演播厅外。无论电影情节如何，都不应该起哄，报以嘘声。尽量少一些"小动作"，例如在座位上移动大衣、清喉咙或嚼口香糖、嬉戏打闹、过度暧昧的举动，以避免引起周围的观众的反感。

5）选择位置

（1）画面居中原则。看电影的角度很重要。所谓画面居中原则，就是指在你坐得最舒服的一个位置，眼睛能正视到荧幕的正中央，因此尽可能地把位置的高度调节到和屏幕正中央一个水平线上。

（2）声学最佳原则。看电影的音效很重要。从某种意义上来说电影院的声音效果要比画面质量更加重要。震撼的低频，准确的定位，丰富的层次，宽阔的声场，这些都是构成优良环绕声的关键。

（3）有针对性地选择座位。大型电影院设计一般采用的是礼堂式座位设计，分为2~3个横线区域（区域间设过道），3个纵向区域排列的模式。中型电影院没有太大的规模，也没有配备顶级的音响设备，这种情况下选好的位置更加体现其重要性。迷你型影院对于不喜欢人太多而又喜欢看电影的影迷是不错的选择，这种影院，稍显紧凑，屏幕也稍小。

2. 歌厅娱乐的基本要求

歌厅是指营业性歌厅、卡拉 OK 厅等。下班后亲朋好友相约，经常都会选择去歌舞厅休闲娱乐；在商务交往中，商界人士往往会陪同客户或应邀去歌厅，以建立友谊。虽然是娱乐休闲场所，但还要多注意相关礼仪。

1）挑选正规歌厅

正规歌厅设备完善、环境优雅、服务到位，收费比较合理。倘若在选择歌厅时粗心大意，一旦选择失误，不仅浪费金钱，而且还会破坏大家的雅兴。

2）点歌礼让有序

在公共大厅或包厢里点歌，都应该注意先后顺序，并且注意礼让他人。点歌的顺序一般应当请客人先点、女士先点、长辈先点或者上司先点，有时亦可由大家依次点歌，或者点上一首人人皆会的歌曲合唱。避免抢先点歌，或者争抢话筒。

去 KTV 唱歌主要是为了放松心情，关键是 K 而不是 PK，所以唱的好坏并不重要，但选歌很重要。KTV 点第一首歌叫开嗓，关键是营造一种氛围。

首先，一定要选适合自己唱的、比较熟悉的歌，最好是平时连歌词都能记住的。其次，选择适合的歌曲类型。

3）听歌聚精会神

当别人唱歌时，不论自己认识对方与否，都应认真倾听。当对方表现出色时，应以掌声进行鼓励。即使对方演唱并不在行，也不可肆意取笑。在他人唱歌时，交头接耳、拨打或者接听移动电话、故意退场，都是不尊重对方的表现。

4）唱歌保持风度

自己演唱时，一定要注意保持个人的风度。唱歌之前可以先问候大家，得到了在场者的掌声鼓励要表达谢意。一般每次唱一支歌曲为宜。在唱歌的过程中，切莫忘乎所以，手舞足蹈或者胡言乱语。

5）交往尊重异性

与熟悉的异性相处时，不应当动手动脚，不可开过分的玩笑。对于现场不熟悉的异性，不能言语纠缠或骚扰。

6.1.2 影院、歌厅礼仪操作技巧

1. 操作技巧一：影院位置的选择

各种类型的影院最佳观影座位选择的参考方法见表 6-1。

表 6-1 各类型影院最佳座位选择方法

影院类型	特点	适合人群	座位选择
大型	300 平米到 800 平米不等，空旷宏伟	喜欢追求顶级观影效果的人群	根据个人喜好选择：喜欢坐中间靠前位置的人可以选择第 10~12 排的位置，喜欢靠后坐的可以选择 13~14 这两排，喜欢靠边的影迷可以选择左右两列靠通道的第一或第二个位置，多人结伴而行的可以选择第 13 行中间排位置(图 6.3)
中型	单前门开放，第一排作为距离屏幕大约 5 米，室内设计为长方形	喜欢观看科幻、武打等影片的人群	中后部临近过道的位置(图 6.4)
迷你型	座位一般在 100 个座位以下，面积在 100 平方米左右	喜欢观看爱情剧、喜剧、动画片等类型的影片的人群	靠后点的位置(图 6.5)

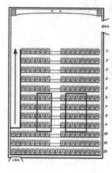

图 6.3　大型电影院座位选择(座位数：472 人)

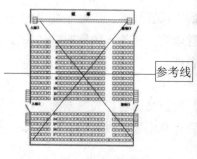

图 6.4　中型电影院座位选择(座位数：176 人)

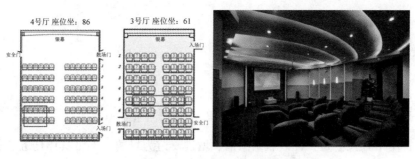

图6.5 迷你电影院座位设计图(座位数:40~50人)

2. 操作技巧二:歌厅对唱歌曲推荐

对唱歌曲推荐表见表6-2。

表6-2 20首对唱歌曲

1	《你是我心中的一首歌》王力宏 selina	11	《分开旅行》刘若英 黄立行
2	《明明很爱你》品冠 梁静茹	12	《恋爱达人》罗志祥 小S
3	《好心分手》王力宏 卢巧音	13	《广岛之恋》张洪量 莫文蔚
4	《珊瑚海》周杰伦 Lara	14	《今天你要嫁给我》陶喆 蔡依林
5	《美丽的神话》孙楠 韩红	15	《屋顶》JAY 温岚
6	《只对你有感觉》Hebe 飞轮海	16	《花好月圆夜》任贤齐 杨千嬅
7	《水晶》任贤齐 徐怀钰	17	《不得不爱》潘玮柏 弦子
8	《梁山伯与茱丽叶》卓文萱 曹格	18	《爱人》屠洪纲 王菲
9	《千里之外》周杰伦 费玉清	19	《小酒窝》林俊杰 蔡卓妍
10	《有一点动心》张信哲 刘嘉玲	20	《当爱已成往事》林忆莲 李宗盛

【案例分析】

周乐和章琴刚开始交往,周乐请女友看电影,最近在热播的几部电影有《大话西游·降魔篇》、《101次求婚》等影片,周乐了解到周星驰的《大话西游》非常火爆,提前预约买到票,选择了中厅的最后一排情侣座,进入影厅的时候,找到了座位后开始吃爆米花、喝饮料,看到开心的时候不断地拍大腿,都快把爆米花撒出来了。由于饮料喝得太多,中途急冲冲地冲出去上厕所,踩到了一位女士的皮鞋,但由于实在是忍不住了,打算回来的时候再道歉,返回时却没有见到那女士。电影结束的时候,周乐偷偷和章琴说:"我家最近也买了一部3D电视机,要不把这眼镜带走吧?"章琴没好气地夺过眼镜,在出口还给了工作人员,走出电影院径自回家了。

结合案例分析影院注意事项。

6.2 聚会与舞会礼仪

6.2.1 聚会礼仪知识点拨

在日常社交中，聚会是一种以联络感情、增进友谊为目的，不带具体任务、较为轻松的集体活动，了解聚会中的礼仪规范并在适当场合灵活运用，将会提升个人及集体形象，赢得良好声誉。

聚会形式和内容可以根据活动的具体目的来安排。以联谊、休闲为目的的聚会，一般没有非常明确的讨论主题，可以考虑选择聚餐会、联欢会、茶话会、晚会等轻松愉快的形式。如果有特定的讨论主题或范围，可以安排专门的座谈会、讨论会等，这几种形式也可交叉使用。本节内容以沙龙、招待会、茶话会为例说明。

1. 沙龙礼仪的基本要求

沙龙是以社交为目的进行的聚会，按照人们在聚会中的主要目的、中心话题和交际活动的不同可以将沙龙分为交际沙龙、联谊沙龙、休闲沙龙、文艺沙龙、学术沙龙、综合沙龙等许多种类。我们在组织、参加各种沙龙活动时也要注意社交礼仪的要求和规范，不能失礼于人。交际型沙龙和休闲型沙龙是最常见的两种形式。

1）交际型沙龙

交际型沙龙的主要目的是为了使参加者之间相互接触、联络感情、沟通交流，主要有同学会、聚餐会、座谈会、生日派对等形式。在通常情况下，沙龙的时间、地点、形式、主持者和参加者，均应事先议定。可以由一人发起、提议，也可以由全体参与者群策群力，共同讨论和决定。

（1）选择合适的时间和地点。时间跨度一般应在 2 到 4 小时左右，为了不影响正常工作，可以安排在周末或节假日的下午、晚上等休息时间。地点一般可以选择私人住宅的客厅、庭院或者宾馆、饭店、餐厅、写字楼等环境雅致的场所。场地面积应与到场人员匹配，环境优雅、照明和设施齐全、不易受外界干扰。

（2）主人的礼仪。在私宅内举行沙龙，主持人一般是私宅的主人，如果是租用的场地，一般应由沙龙的发起人或组织者担任主持人。一般主持人的配偶要一起到场，以便分别照顾到场的男宾、女宾。如果主持人是单身或配偶不在本地，可由父母、子女、同事或秘书临时充当主人，接待来宾。

（3）既定参与者。沙龙的参加人员，一般都是事先确定好的，参加者以相识的居多，或是在社交、商务、生活中有交集的群体，且场地大小、男女宾客人数、参与者层次都是相当的。未受邀请者一般应该在得到主人同意后才能参加聚会，人数变化也最好是提前通知组织者。未成年人和幼童不适宜参加沙龙活动，孩童四处跑动或哭闹会打扰到旁人，影响聚会的氛围。

（4）塑造大方得体的仪表。沙龙的主人要精心修饰自己的仪表，但不必奢华；男士可穿西装或休闲装；女士应化妆，衣着典雅但不可过分性感夸张。情侣一起赴约，衣着打扮尽可能协调一致。

（5）体谅主人。在活动期间，应向主人表示谢意，感谢主人的热情和准备的点心，如图 6.6 所示。可以送给主人鲜花、酒或者小礼物表示感谢，如图 6.7 所示。如果在私宅进行聚会，不能在别人的家中随意走动。在沙龙结束时，向主人道别之后，方可离开。

图 6.6　沙龙的点心

图 6.7　沙龙的小礼物

2）休闲型沙龙

常见的休闲型沙龙主要有远足郊游会、家庭音乐会、俱乐部聚会、游园联欢会等。通常会邀请亲朋好友、合作伙伴、同事等，利用闲暇时间到家里、山庄、俱乐部，欣赏音乐、打球、钓鱼等。参加休闲沙龙的礼仪要点有两个方面。

（1）穿戴休闲，适合活动内容。休闲沙龙以游玩为主，休闲装、运动服、牛仔服等便装都是很好的选择。

（2）休闲为主，交际为辅。休闲沙龙主要以游玩为主，与交际沙龙和工作会议不同，工作上的事最好是过后再谈。大家可以交流一些关于体育、艺术、文化等方面的心得。

2. 招待会礼仪的基本要求

招待会是指各种不备正餐，只备食品、酒水的一种方便灵活的招待宴请活动。一般有招待酒会和冷餐会等形式。

（1）招待酒会。分为正餐之前的鸡尾酒会和正餐之后的招待会两种，以酒水、饮料为主，配上一些点心、小吃，一般不设桌椅而是摆放一些吧台或小桌用来放置食物，并会安排专门的服务人员添加酒水，客人可以按照喜好自取酒水和点心，自由走动和交流。

（2）冷餐招待会，又称自助餐，也是比较流行的招待宴请活动形式。一般冷餐招待会以点心、小吃、酒水为主，有时也会准备少许热菜。场地上设有餐台用来摆放食物、酒水、餐具，客人们随意选取食物，吃完再取。

3. 茶话会礼仪的基本要求

茶话会是我国传统的聚会方式，在日常生活中应用非常广泛。亲朋好友聚在一起喝茶、聊天以联络感情，单位、团体、社会组织为了加强交流、欢度节日、举行庆典也经常采用茶话会的形式。

非正式的茶话会由个人自发组织或形成，常常是家人、朋友、同事间的聚会，没有固定话题，大家谈天说地，自由交流。

正式的茶话会有主办单位或主办人，会事先通知或邀请相关人员参加。正式茶话会一般是在节日举办,无中心议题,没有明确任务,交流形式也无规定,大家可以畅所欲言,气氛比较轻松、愉快。单位组织的一般规模都比较大,如图6.9所示。

图6.8 招待酒会的场面

图6.9 大型茶话会安排

(1) 茶话会要准备好相应的茶叶和茶具。如果是在茶室喝茶,一般不用自行准备;如果是在私宅、单位举办茶话会就要提前布置好场地,茶具一般以泥质和瓷质为最佳,其次为玻璃和搪瓷等,要注意清洗干净。

(2) 除了备足茶水外,一般还要准备糖果、点心、瓜子、水果等食品,有时候还要准备咖啡、牛奶、矿泉水等饮料,以备有些不适宜饮茶的客人饮用。

(3) 茶话会简便易行,在服饰上也没有什么严格规定或特殊要求。

(4) 茶话会一般不安排座次,大家可以随意交流。

(5) 茶话会气氛融洽,适合交际和谈话,应主动与周围人交谈,但也要注重个人修养,维持秩序。

6.2.2 舞会知识点拨

舞会,是现代文明社会人际交往、沟通的一种形式,是一种高雅的社交活动,一般是指以参加者自愿相邀共舞为主要活动项目的一种文娱性社交聚会。在优美的乐曲、美妙的灯光、高雅的舞姿的相互衬托下,人们不仅可以从容自在地获得自我放松,恰到好处地展示自己的个人修养,有益于健康,还能促进人们之间的交往和增进友谊。舞会的种类和形式很多,一般来说主要有家庭舞会、交际舞会以及公关舞会。

1. 舞会组织的基本要求

1) 选择适当的举办时间

舞会是对外交往中高雅而又重要的交际联谊活动,一般应在周末、节假日或重大活动开幕式、闭幕式的晚上举行。以2小时左右为宜,通常安排在晚上8点至10点,这些时间工作压力相对较小,便于大家尽情地娱乐而不会影响到第二天的工作。

2) 挑选适当的舞会场地

举办地点应考虑活动档次、安全状况、交通条件、配套设施、所需费用等因素,如图6.10所示。选择舞池应考虑:①面积的大小,一般跳舞的人数与面积大致呈正比,人均一平方米为最佳;②地面状况,平整而干净;③灯光设置,柔和之中有所变化;④音响效果,传声效果良好,音量柔和悦耳;⑤休息用具,有足够数量的桌子和椅子供舞者休息。

图 6.10　舞会场地和设备

3）安排适宜的舞会曲目

在选择上从众，选择众人所熟悉的节奏鲜明、清晰的，旋律优美、动听的，易于伴舞的曲目；在风格上交错，曲目的安排有快有慢，彼此交错，节奏上令人有张有弛；在数目上适量；在习惯上依例，遵守约定俗成的惯例。

4）舞会来宾的邀请

来宾邀请中注意人员的限量与性别比例的相当。舞伴的邀请讲究"异性相斥"。

5）舞会全程的接待工作

选择一位经验丰富、具有组织才能和临场反应敏捷的人士充当正式主持人。安排好招待人员，招待人员的职责应明确。

2. 舞场表现的基本要求

舞场上要注意妆饰、邀请、拒绝、舞姿、交际等五个方面的基本问题。

1）个人妆饰

参加舞会前，进行适度的化妆。男士化妆的重点，通常是美发、护肤、祛味。女士化妆的重点，则主要是美容和美发。与家居妆、上班妆相比，因舞会大都举行于晚间，舞会妆允许相对浓、烈一些。但若非参加化妆舞会，舞会化妆时仍须讲究美观、自然。参加舞会的女士可以在妆容上色彩丰富点，眼影、头饰、耳坠、唇彩、项链等饰物选择亮色，类型应丰富点，如图 6.11 所示。

图 6.11　舞会的发型与高雅妆容相称

在正常情况下，舞会的着装必须干净、整齐、美观、大方。根据季节不同，分别选用不同质地面料的连衣裙、大摆裙，也可在领袖口、开衩和前襟处加以装饰变化，如图 6.12 所示。可以穿格调高雅的礼服、时装、民族服装。在舞会上，通常不允许戴帽子、墨镜，或者穿拖鞋、凉鞋、旅游鞋。在较为正式的民间舞会上，一般不允许穿外套、军装、工作服。穿的服装过露、过透、过短、过紧，既不庄重也不合适。

图 6.12　舞会的着装

如果应邀参加的是大型正规的舞会或者有外宾参加，请柬注明"请着礼服"，接到这样的请柬一定要提早做好准备。女士在正式的场合要穿晚礼服，晚礼服源自法国，法语是"袒胸露背"的意思。近年也有穿旗袍改良的晚礼服，既有中国的民族特色，又端庄典雅适合中国女性的气质。

2) 邀人共舞

请舞伴时，最好是邀请异性。通常讲究由男士邀请女士，女士如果有特殊情况可以拒绝，但应委婉。另外，女士亦可邀请男士，然而男士却不能拒绝。

在较为正式的舞会上，尤其是在涉外舞会上，同性之人切勿相邀共舞。两位男士一同跳舞会给人以关系异乎寻常之感。而两位女士一起跳舞，则等于是在说明："没有男士相邀"。

根据惯例，在舞会上一对舞伴只宜共舞一支曲子。接下来，需要通过交换舞伴去扩大自己的交际面。舞会上的头一支舞曲，一般讲究由男士去邀请与自己一同前来的女士共舞。如有必要，他们二人还可以在演奏舞会的结束曲时再同跳一次。

就主人方面而言，自舞会上的第二支舞曲开始，男主人应当前去邀请男主宾的女伴跳舞，而男主宾则应回请女主人共舞。接下来，男主人还须依次邀请在礼宾序列上排位第二、第三男宾的女伴各跳一支舞曲，而那些被邀共舞女士的男伴，则应回请女主人共舞。

就来宾方面而言，有下列一些女士，是男宾应当依礼相邀，共舞一曲的。她们主要包括：①舞会的女主人；②被介绍相识的女士；③遇上相识的女伴；④坐在自己身旁的女士。以上女士若被男宾相邀后，与其同来的男伴最好回请该男宾的女伴跳上一曲。

3) 拒绝邀请

在一般情况下，当本人在舞会上受到邀请时，通常不宜拒绝对方。因为别人邀请自己跳舞，实际上是尊重自己。万一非要回绝他人的邀请，则要注意态度和措辞，切勿伤害对方的自尊心。

目前，在舞会上婉拒别人的托词，最常见的有：①"已经有人邀请我了"；②"我累了，需要单独休息一会儿"；③"我不会跳这种舞"；④"我不喜欢跳这种舞"；⑤"我不熟悉这首舞曲";⑥"我不喜欢这首舞曲"。

4）舞姿文雅

跳舞按规范步入舞池时，女士选择跳舞的具体方位，舞曲行进中男士带领在先。跳舞要掌握运步技巧，变换各种方向时应以自己左脚或右腿的前脚掌为轴心进行转动。跳舞双方讲究舞姿文明规范，舞曲协调一致，才会有较好效果，如图6.13所示。在舞会上最能体现一个人的绅士风度，例如，跳舞中要保持一定的距离，左手轻扶舞伴的后腰，右手轻托舞伴的手掌，尤其在旋转的时候，男士应舞步稳健，动作协调。

图6.13 优雅的交谊舞舞姿

5）舞场交际

鉴于舞会多以交际为主，故舞会亦称交谊舞会。参加舞会时，不能只图跳舞尽兴，而忘却了本应进行的交际活动。如叙旧，在舞会碰上了老朋友、老关系，除了要争取邀请对方或其同伴共舞一曲之外，还要尽量抽时间找对方叙上一叙，致以必要的问候，并且传递适当的信息。

在舞会上结交新朋友，通常有三种方法可行：其一，是主动把自己介绍给对方。其二，是请主人或其他与双方熟悉的人士代为介绍。其三，是通过邀请舞伴的方式直接或间接地认识对方。在舞会上结识新友之后，一般不宜长时间深谈。

6.2.3 聚会与舞会礼仪操作技巧

1. 操作技巧一：茶话会安排

茶话会，意在联络老朋友、结交新朋友，重点在"话"不在"茶"。

1）确定主题

茶话会的主题，特指茶话会的中心议题。一般情况下，茶话会其主题分三类：

（1）以联谊为主题，即宾主通过叙旧与答谢，以增进了解，密切彼此关系。这是最常见的茶话会的主题。

（2）以娱乐为主题，即在茶话会上安排文娱节目或文娱活动，鼓励现场的自由参与即兴表演，以此活跃现场、增加气氛。

（3）以专题为主题，指在某一特定时刻，或为了某些专门的问题而召开的茶话会。

2）确定来宾

确定与主题相关的人士名单，并在半月内以请柬的形式向对方提出正式邀请。

3）选择地点与时间

按照惯例，适宜举行茶话会的大致场地主要有：①主办单位的会议厅；②宾馆的多功能厅；③主办单位负责人的私家客厅；④主办单位负责人的私家庭院或露天花园；⑤包场高档的营业性茶楼或茶室。餐厅、歌厅、酒吧等处，均不宜用来举办茶话会。

举行茶话会的最佳时间是下午 4 点钟左右，或者是将其安排在上午 10 点钟左右。茶话会的时间长短一般根据会议内容及主持人的掌握，若是将其限定在一个小时至两个小时之内，效果会好些。

4）座次布置

一般，为了让与会者畅所欲言，并便于大家进行沟通，茶话会上的座次安排尊卑不宜明显。不排座次，允许自由活动，不摆与会者的名签，是其常规做法。

（1）环绕式。不设立主席台，座椅、沙发、茶几摆放在会场的四周，与会者自由就座。

（2）散座式。多见于举行于室外的茶话会。与会者可自行调节座椅、沙发、茶几等位置，目的是营造宽松、舒适、惬意的社交环境。

（3）圆桌式。在场上摆放圆桌，而与会者在其周围自由就座或在会场上安放数张圆桌，请与会者自由组合，各自在其周围就座。

（4）主席式。在茶话会上，主席式排位并不意味着要在会场上摆放主席台，而是指在会场上，主持人、主人与主宾应被有意识地安排在一起就座，并且按照常规，居于上座之处。例如，中央、前排、会标之下或是面对正门之处。

5）茶点准备

对于待客的茶叶与茶具，务必精心准备。茶话会上还可以略备一些点心、水果或是地方风味小吃，且数量要充足并便于取食。同时最好将擦手巾一并上桌。

6）议程安排

茶话会的会议议程很简单，一般包括以下四项。

第一项议程：主持人宣布茶话会正式开始。开始后主持人要略加介绍主要的与会者。

第二项议程：主办单位的主要负责人讲话。讲话以阐明此次茶话会的主题为中心内容。另可代表主办单位，对全体与会者的到来表示欢迎与感谢。

第三项议程：与会者发言。与会者发言是茶话会的重心。为确保与会者直言不讳、畅所欲言，主办单位通常不对发言者进行指定与排序，也不限制发言的具体时间，而是提倡与会者自由地进行即兴式的发言。

第四项议程：主持人略作总结，并宣布茶话会结束。

2. 操作技巧二：参加聚会应注意的细节

1）服饰妆容得体

出席活动时，仪容、仪表要符合活动的主题和格调，着装端庄、大方、和谐，避免怪异、过分性感的服饰，女士要适当化妆，首饰要少而精。

2）守时守约守信

不应当迟到或者无故缺席，准时到场或晚到几分钟，是比较规范的。迟到太久或者不能参加活动的，最好能提前告知组织者，并表示歉意。

3）语言简练、举止得当

控制发言时间，用词简练，对于别人发言中的不同观点，应心态豁达，注意必要的礼节，不使主人和众人难堪。

4）新朋老友主动结识

聚会是一个最佳社交场所，在轻松的气氛中，人人心情愉快，对他人的防备心理较低，此时应主动扩大自己的交际范围，更多地认识新朋友。热情、主动，见到熟悉的人，主动问候；初次相识的人，可以从闲聊开始，结为朋友。

5）尊重长者、女士、主人

对待长者和女士要给予优先照顾，应主动与他人攀谈，话题要高雅避免低俗，寒暄时要礼貌谦和，并多为主人和来宾着想。

3．操作技巧三：邀人共舞的方法和顺序

1）方法

邀请他人跳舞，应当力求文明、大方、自然，并且注意讲究礼貌。不要勉强对方、出言不逊或是与他人争抢舞伴。一般来说，邀请舞伴时，有两种具体办法可行。

（1）直接法。即自己主动上前邀请舞伴，先向被邀请者的同伴含笑致意，然后再彬彬有礼地询问被邀请者："能否有幸请您跳一次舞？"

（2）间接法。直接相邀不便，或者把握不大时，可以托请与彼此双方相熟的人士代为引见介绍，牵线搭桥。

2）选择舞伴

在舞会自行选择舞伴时，最好先适应环境，细心的观察四周的气氛。一般自选舞伴最理智的选择是以下八类对象：年龄相仿之人；身高相当之人；气质相同之人；舞技相近之人；少人邀请之人；未带舞伴之人；希望结识之人；打算联络之人。

【案例分析】

张先生与女友一起参加一个舞会，跳过几曲之后，有一个熟识的朋友过来邀请张先生的女友跳一曲。张先生因为觉得这位朋友以前有意追求自己的女友，所以不悦，暗示女友不能去。但是女友没有听从，还是笑着赴约了。一曲终了，张先生等女友回来后，指责女友不应与那人跳舞。女友表示不能接受，张先生觉得不能忍受，大声斥责，终于在舞厅大吵，引得别人奇怪地看着他们两人，最后女友一个人离开了舞厅，张先生在众目睽睽之下也觉得颜面尽失。

结合案例分析参加舞会的礼仪。

6.3 音乐会礼仪

6.3.1 音乐会知识点拨

音乐厅、剧院和歌剧院历来被人们视为神圣的殿堂。人们在这里观看演出应有良好的仪表和举止，才能与其典雅的装饰和气氛相协调。

1. 熟悉曲目

一场音乐会的主要曲目通常是中场休息之后的第一首或整场音乐会最后的压轴曲。若有充裕的时间，应阅读节目单上有关乐曲、乐队、指挥的详细介绍，熟悉和了解演出曲目，才能从容不迫，放松心情，好好享受演出。避免演出过程中的匆忙翻阅，这也是对演出团体和艺术家的尊重。

2. 准时入场

音乐厅严格限制迟到的入场者，演出一开始即将入场的大门关上，迟到的人只能等到中场休息才可以进入。不允许中途退场，有特殊情况要提前退场的，应在一首乐曲结束时，指挥谢幕观众鼓掌的时候悄悄地离开。不能携带宠物、危险品及食品入场。不论哪种场合，迟到都是很不礼貌的行为。所以最好能于开演前15分钟左右到场。

3. 音乐会的穿着礼仪

穿着得体不仅显示个人的素养，也是对演出者的尊重和礼貌。国内外最普遍的情况是，男性着西装，女性着洋装（裙装）或小礼服，许多正式场合仍认为女性穿着裤装是不礼貌的打扮。注意服装整洁，虽不用过度华丽，但最好避免牛仔裤、拖鞋等休闲服装或奇装的打扮。如果是听歌剧，建议也穿正装。音乐剧、流行歌曲演唱会可以轻松休闲一些。

4. 不要制造噪声

安静倾听是音乐会最起码的礼仪，不仅表示对演奏者和其他观众的尊重，也间接表达了自己的修养。聆听音乐时，请保持安静，手机最好关机，不要食用或饮用容易发出响声的食物、饮料，也不要交头接耳、窃窃私语或发出打拍子声、清喉咙以及咳嗽声等。

一些大剧院如今明令禁止身高一米二以下的儿童入场。据科学考证，身高一米二以下的儿童一般都不具备情绪控制力，也就是说，他们在音乐厅里很难保持长时间的安静状态聆听音乐，他们不由自主的"行动"不仅影响家长的欣赏情绪，更会扰乱周围听众的聆听环境。所以，除了一些专门面向儿童的专场音乐会外，尽量避免携带那些尚不具备情绪控制力的孩子去音乐厅。

音乐会过程中，一般不要中途退场。不要比比画画、频频离席或不断地抖动腿脚。有特殊情况要提前退场的观众，应在一首乐曲结束时，观众鼓掌的时候悄悄离开。

5. 体态坐姿要有规矩

在正规的音乐厅里，当灯光忽明忽暗地闪烁几次时，就意味着节目即将在5分钟之内开始，提示你立刻回到自己的座位上去。如果同排中的其他人还留在座位上，走过他们身边时应该说声"抱歉"之类的客气话，并注意不要太急迫鲁莽，以免碰到座位上的观众或踩到他们的脚。

通常音乐厅内的空间都十分有限，分配到每个人，可供回旋的余地就会很小。这就要求观众要行为有度，不可随意超越自己的空间。看演出时应该摘掉帽子，以避免遮挡后面观众的视线。在音乐会的现场，绝对不允许脱掉鞋子，随意翘腿。听音乐会应举止文明，如图6.14所示。

图 6.14　音乐会举止文明

6. 不要使用闪光灯拍照

通常，主办方为了不影响艺术家们的表演以及保护版权，将严禁观众携带此类物品进场。如果获准照相，请千万不要使用闪光灯，因为闪光灯会打扰演奏者。在这种情况下，演奏者是完全有权利选择退场罢演的。

另外，拍照可能牵涉商业利益，因为许多艺术家跟经纪公司之间都有关于形象的版权协议，不允许随意被他人使用，严重的还会引发官司。所以主办方为了不影响艺术家们的表演以及保护版权，常常严禁观众带照相机、DV 等数码设备这类物品进场，如图 6.15 所示。

图 6.15　音乐会的行为禁忌

7. 音乐会中鼓掌

听音乐会时应适时鼓掌，如图 6.16 所示。音乐会开始时，应鼓掌迎接指挥上台。对上台独奏的演员也应给予掌声鼓励。整首交响乐或整组乐曲全部演奏完毕时，才一起鼓掌。乐章之间和组曲之间一般不鼓掌。

图 6.16　音乐会适时鼓掌

8. 安静有序地退场

音乐会结束时，听众应在座位上停留片刻，不要急于退场，待演奏者谢幕时，全场应起立鼓掌，以示尊敬。演奏者谢幕之后，方可井然有序地退场。乐队首席（坐在第一小提琴最前面的那一位）没有起身退场，观众最好不要匆忙起身退场。退场时应礼让身旁的老年观众先走，男士让女士先走。

出场时，切忌大声喧哗，或者立刻评价音乐会。即使与心里想象的情景存在较大的差异，达不到自己满意的结果，也应等出去之后再做讨论。不要遗忘自己携带的物品，不要留下垃圾。

9. 不可随意献花

一般情况下，演出期间观众不能随意向演员献花，如有特殊情况要求以个人的名义向演员献花，应事先与工作人员联系，由工作人员安排献花活动。

10. 抽烟请到吸烟区

音乐会可能会持续几个小时，一般在节目进行到一半的时候有中场休息。这时可以留在座位上，也可以站起来或离开观众席活动。烟瘾较大的可到专门的吸烟区去抽烟。

6.3.2 音乐会礼仪操作技巧

1. 操作技巧一：鼓掌时机的把握

鼓掌是听音乐会一个很大的学问。适当的掌声是观众对演奏者的响应，但是过于热情或不合时宜的掌声则会扰乱演奏者的情绪。因此，鼓掌时注意以下几点。

（1）音乐会开始时，应鼓掌迎接指挥上台。独奏、独唱等演员也应给予掌声鼓励。

（2）许多音乐会在开演前都有节目单，了解演出的曲目能更好掌握鼓掌的时机。

（3）乐章间不鼓掌已成为一种约定俗成的礼节，所以，不管前面的乐章多么精彩动人，也只能把全部的感情留待曲终时再释放出来。

（4）注意指挥者的手。一般来说鼓掌的时机是要看指挥者的双手是否完全放下，音乐是否有完全停息的气氛。最好的办法是看着舞台上指挥的动作，或者看着别人的动作，随大流比较好。

2. 操作技巧二：了解维也纳新年音乐会

维也纳新年音乐会每年通过电视向全球 40 多个国家进行直播，估计观众人数超过 10 亿。音乐会已经形成了一些传统，包括三个加演曲目，其中最后两个永远是小约翰·施特劳斯的《蓝色多瑙河》，以及老约翰·施特劳斯的《拉德斯基进行曲》。在加演曲目的最后一首《拉德斯基进行曲》，观众也会加入到演奏中，在特定的段落跟着节拍拍手，而指挥家这时也会转过身来指挥观众的节拍。

1）小约翰·施特劳斯与爱乐乐团

1873 年 11 月 4 日，维也纳召开了世界博览会，小约翰·施特劳斯指挥维也纳爱乐乐团演奏了他家族的许多作品，其中包括著名的《蓝色多瑙河圆舞曲》。

2）形成演奏施特劳斯作品的传统

1925 年 10 月 25 日，为了纪念作曲家诞辰一百周年，指挥大师魏因迦特纳指挥演出了

《蓝色多瑙河》，1925 年 10 月 25 日的这场音乐会也是有史以来第一次全部由施特劳斯家族作品组成的音乐会。

维也纳爱乐乐团形成了演奏施特劳斯作品的传统得益于当时一位施特劳斯作品的狂热拥护者——克莱门斯·克劳斯(Clemens Krauss)。1929 年 8 月 11 日，他在奥地利萨尔茨堡指挥维也纳爱乐乐团举行了全部由施特劳斯家族作品组成的系列音乐会。由于音乐会取得了巨大的成功，一直到 1933 年，他每年都举行类似的音乐会。当然，音乐会的作品除了小约翰·施特劳斯的作品外，还有其家族中其他成员的作品，这就是新年音乐会的雏形。爱乐乐团演出现象如图 6.17 所示。

图 6.17　爱乐乐团演出现场

【案例分析】

海玲约好友巧巧一起去大剧院观看维也纳管弦乐演奏会。提前到达会场找到座位后，巧巧就开始翻演奏曲目单，并询问海玲音乐会的欣赏要点。演奏会开始了，现场没有任何扩音器，都是纯正的乐器演奏声，观众们都静静地沉浸在美妙的旋律中，一曲演奏完毕，指挥家转身向观众鞠躬离场，现场响起了热烈而持久的掌声。指挥家返场为大家又演奏了一曲，演奏完毕，所有演奏者起立鞠躬谢幕，观众们这才缓缓离开演奏厅。

请结合自己听音乐会的感受，分析本案例。

本章小结

本章节对休闲聚会活动中的电影院、歌厅 KTV、聚会活动、舞会现场、音乐会现场中应遵守的场合礼仪阐述了其基本要求，并辅助补充操作技巧，以便在不同公共场合中体现与会人员的高雅礼仪举止和文明素养。每节后的案例分析内容实用、清晰。

复习思考题

1. 请阐述电影院观影过程中，应保持哪些文明举止。
2. 应邀参加舞会，你需要注意的舞会细节有哪些？请举例说明。
3. 在聆听音乐会过程中，最佳的鼓掌时间应该是什么时候？

第7章

餐饮礼仪

CANYIN LIYI

【学习目标】

(1) 了解中西餐礼仪的内容。
(2) 掌握用餐礼仪要点。
(3) 掌握饮酒、饮茶、饮咖啡礼仪要点。
(4) 了解公共场合进行餐饮的礼仪运用技巧，展现良好修养。

7.1 中餐礼仪

中华饮食，源远流长。在这自古为礼仪之邦，讲究民以食为天的国度里，饮食礼仪自然成为饮食文化的一个重要部分。随着中西饮食文化的不断交流，中餐不仅是中国人的传统饮食习惯，还越来越受到外国人的青睐。莎士比亚说在宴席上最让人开胃的就是主人的礼节。而这种看似最平常不过的中式餐饮，用餐时的礼仪却是有一番讲究的。

7.1.1 中餐礼仪知识点拨

1. 桌次、就座礼仪

1）餐桌桌次安排

宴请时若有两张餐桌（图7.1），排列时就要按照一定的次序。主桌应安排在餐厅的重要位置，并以面门、面南为好。

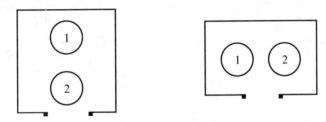

图7.1 两桌排列

宴请时有两张以上的餐桌，桌子的安排也有所不同，按我国传统习惯，应面门安排，以离主桌近高远低、左高右低的原则来安排。而按照国际惯例，则应面门安排，遵循近高远低、右高左低的原则。目前社交宴请中多采用国际惯例，具体的运用见下面的内容。

中餐宴请用的圆桌比较多，圆桌座位位次的安排，视数量而定，如一个主人和两个主人以及有男女主人在场的情况，安排有所不同。排序原则是安排好主人的位置，以主人为中心，以右为尊交叉考虑安排其他人员。多桌有三桌、四桌、五桌、六桌，甚至十几桌等，排序原则是面门安排好重要的第一桌，以它为中心，以右为尊考虑其他桌次的安排，如图7.2所示。

2）就座礼仪

就座又称入座、落座，即人们坐到座位上的具体行动。在参加宴请时，入座要讲究顺序，如何就座也是一门学问，想要显得温文尔雅，落落大方就得事先深入了解就座的礼仪规范。

（1）坐到正确的位置上。首先要知道自己所扮演的角色，另外也要了解男、女主人，男、女主宾的位置，以及其他男女陪客的位置。在高级饭店往往是由服务员带路入座。如是宴会，进入宴会厅之前，先了解自己的桌次和座位，应听从主人安排，按主方给定的座位就座。

中餐宴请的座次总体原则：主人大都面门而坐，主宾位于主人的右侧，副主宾位于主人

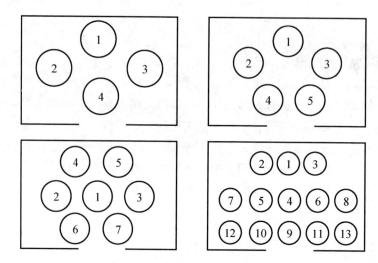

图 7.2 多桌桌次排列

左侧，位次尊卑应根据其距离该桌主人的远近而定，其他客人依此类推，如图 7.3、图 7.4 所示。若是出席人员有高于主人者，可请其居于主位（图 7.5），主人坐在其左侧。

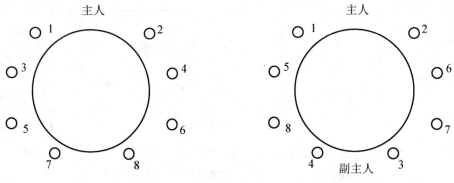

图 7.3 一位主人时的位次安排　　　　图 7.4 两位主人时的位次安排

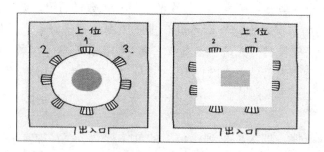

图 7.5 主位的位次

其次要注意入座的顺序，应让年长者、地位高者和女士优先，如邻座是年长者或妇女，应主动协助他们先坐下。然后，自己以右手拉开椅子，从椅子左边入座。同时，应与同桌点头致意。每桌一般有一个主人或招待者，在主人两旁的座位，一般是留给上宾或主客，如非得主人邀请，也不好占座。座位应听候主人或招待人员指派，不要过于礼让。如未定座位，应由尊长坐上座，自己拣适当的座位坐下，不必过于谦恭。如果你是第一个走近桌子的人，那就顺势向里移,以方便其他人就座。

(2) 私人物品不要放在餐桌上。手提包、手套、钥匙、打火机、香烟等私人物品,不应该放在桌上。餐桌放上私人东西,会妨碍他人用餐,显得十分不礼貌。正确的方式可将手套等零碎物品放进手提包里,手提包则靠在椅背上,随身重要物品可放在椅脚前下方,也可以把手提包放在背后和椅子之间或大腿上。若是邻座没有人,也可以放置在椅子上,或挂在皮包架上。

(3) 就座时的注意事项。一个人在餐桌上的坐姿也是他的素养和个性的体现。得体的坐姿可以塑造社交者的良好形象,而错误的坐姿,则会给人一种粗俗、没有教养的印象。坐在餐桌上的时候,身体应保持挺直,两脚齐放在地板上。用餐时,上臂和背部要靠到椅背,腹部和桌子保持约一个拳头的距离。餐桌上忌讳高架"二郎腿"或"4"字形腿,忌腿脚抖动摇晃。

不要在餐桌上补妆。女士们赴宴常会上亮丽的彩妆,用餐过程中或有需要补妆时,或用餐完毕要修补口红,不可在餐桌上进行,此时应向在座宾客说声对不起,到化妆室去补妆。

2. 中餐的餐具礼仪

1) 餐具

中餐的餐具主要有杯、盘、碗、碟、筷、匙6种。在正式的宴会上,水杯放在菜盘上方,酒杯放在右上方。筷子与汤匙可放在专用的座子上,或放在纸套中,如图7.6所示。

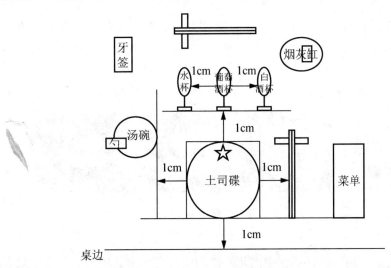

图 7.6 中餐餐具及其摆放

(1) 调羹。调羹也称汤勺,北方人俗称勺子。中餐里汤勺的主要作用是舀取菜肴和食物。有时,在用筷子取食的时候,也可以使用汤勺来辅助取食,但是尽量不要单独使用汤勺去取菜。同时在用汤勺取食物时,不要舀取过满,以免溢出弄脏餐桌或衣服。在舀取食物后,可在原处暂停片刻,等汤汁不会再往下流再移过来享用。用餐间,暂时不用汤勺时,应把汤勺放在自己身前的碟子上,不要直接放在餐桌上,或让其在食物中"立正"。用汤勺取完食物后,要立即食用或是把食物放在自己碟子里,不要再把食物倒回原处。若是取用的食物太烫,则不可用汤勺舀来舀去,也不要用嘴对着吹,应把食物先放到自己碗里等凉了再吃。还有注意不要把汤勺塞到嘴里,或是反复舔食吮吸。

(2) 碗。中餐的碗可以用来盛饭、盛汤，进餐时，可以手捧饭碗就餐。拿碗时，用左手的4个手指支撑碗的底部，拇指放在碗端。吃饭时，饭碗的高度大致和下巴保持一致。

(3) 盘子。中餐的盘子有很多种，稍小点的盘子叫碟子，主要用于盛放干的食物，与碗用途大致相同。用餐时，盘子在餐桌上一般要求保持原位，且不要堆在一起。

需要重点介绍的是一种用途比较特殊的盘子——食碟。食碟的在中餐里的主要作用，是用于暂放从公用的菜盘中取来享用的菜肴。使用食碟时，一般不要取放过多的菜肴在食碟里，那样看起来繁乱不堪，十分不雅观。不吃的食物残渣、骨头、鱼刺不要吐在饭桌上，而应轻轻取放在食碟的前端，取放时不要直接从嘴吐到食碟上，而要使用筷子夹放放到碟子前端。如食碟放满了，可示意让服务员换食碟。

(4) 汤盅。汤盅是用来盛放汤类食物的。用餐时，使用汤盅有一点需注意的是，将汤勺取出放在垫盘上并把盅盖反转平放在汤盅上就是表示汤已经喝完。

(5) 水杯。中餐的水杯主要用于盛放清水、果汁、汽水等软饮料。注意不要用水杯来盛酒，也不要倒扣水杯。另外需注意喝进嘴里的东西不能再吐回水杯里，这样是十分不雅的。

(6) 牙签。牙签也是中餐餐桌上的必备之物。它有两个作用，一是用于扎取食物；二是用于剔牙。用餐时尽量不要当众剔牙，非剔不行时，要用另一只手掩住口部，剔出来的食物，不要当众"观赏"或再次入口，更不要随手乱弹、随口乱吐。剔牙后，不要叼着牙签，更不要用其来扎取食物。

(7) 餐巾。中餐用餐前，一般会为每位用餐者上一块湿毛巾。这块湿毛巾的作用是擦手，擦手后，应该把它放回盘子里，由服务员拿走。而宴会结束前，服务员会再上一块湿毛巾，和前者不同的是，这块湿毛巾是用于擦嘴的，不能用其擦脸或抹汗。

以上的中餐餐具如图7.7所示。

图7.7　中餐餐具

2) 筷子文化

筷子是中国人餐桌上的好伙伴，在中国几千年的饮食文化中，用筷子形成了基本的规则和礼仪。

(1) 席间摆筷子的礼仪。筷子是成双成对出现的，同一餐桌上应使用等长、同色、同质的筷子，摆放时应将它们摆整齐，不要一根长一根短、一头大一头小，更不可一根横放一根竖放或交叉摆放。筷子摆放时应小头向里，搁在筷架上或放在自己的菜盘上，大头与桌沿并齐。席间要暂时放下筷子时，应按开始摆放的样式摆放好。

(2) 规范的执筷姿势。握筷子时，一般用右手握筷子。握筷子的位置要适中，不可握得过高或过低。正确的执筷姿势应是五指协调并用，如图7.8所示。

(3) 席间使用筷子的礼仪。客人拿筷子要轻拿轻放，切不可随便扔掷，更不能在菜上来前用筷子敲击桌碗。因为中国人认为用筷子敲碗、碟是乞丐要饭的方式。我国有"杆不出

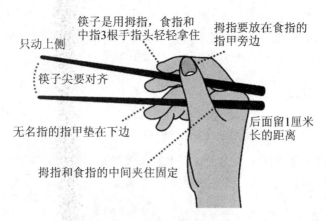

图 7.8 筷子的使用方法

栏，筷不出缘"说法，席间不用筷子时，应将其对一般齐，放在自己的味碟上面，或放在自己的杯子右侧，不可架在公用菜盘上或搁在邻座宾客面前。

(4) 用筷子夹菜的礼仪。吃饭时，须等主人动第一筷后，众人才能跟着各动其筷。灵活、文明的用筷方式，应当是筷足接触食物一下到位，一次成功，即入即出，进退有序，筷子不宜与食物接触时间过长。

3. 用餐礼仪

中国饮食文化源远流长，不仅因其菜肴色香味俱全为人称道，而且其中还包含着深厚的文化底蕴。享用中餐十分重视用餐气氛，无论是朋友相聚，还是亲人团圆，期间传递出的亲情友情都比醇酒还浓烈。如果想要通过赴宴来增进情感、多交朋友，就一定要注意用餐礼仪。

1) 整理好个人形象

赴宴时间要准时，这是最起码的礼貌，一般客人应该略早一些到达，身份高者可以稍微晚一些，但提前、延后时间应以 5～10 分钟为限。赴宴时衣着要整洁得体，不要蓬头垢面。进入宴会后，神情自若，一面做好就餐的准备，一面可以与同桌的人随意交谈，以创造一个和谐融洽的就餐气氛。就餐时，应细嚼慢咽，斯文大方。坐姿端正，注意脚要放在自己的座位下，不要伸到别人面前。不要将双臂肘部支于桌面或用手托腮。

2) 吃相要文雅

一个人吃相的美与丑反映了其教养、修养程度的高低，因此吃相美是塑造良好形象的重要组成部分。如当一道菜端上桌，不要急于取食，应等主人邀请、主宾动筷后方可取食；也不要老吃自己喜欢的菜，应该随着餐桌上的转盘转动就近取食；取食要适量，切不可挑挑拣拣，夹起来又放回去。

就餐夹菜时，动作要文雅。以客人身份就餐，主人示意方可用餐，夹菜时要小心，不要碰到邻座，注意不要把菜掉到桌子上或把汤泼翻。取外处食物时，不要欠身去拿，可请邻座或侍者传递，席间应主动替别人传递物品，劝菜、让菜要用公筷。喝汤时不要"咕噜"作响、吃菜"呱叽"有声，发出太大的响声都是有失大雅的。在吃带有壳、皮、骨的食物时，应将壳、皮、骨放在自己面前的小碟子里，不要吐在桌上或地上。

在用餐结束后，可以用餐巾或服务员送来的热毛巾擦嘴和手，但不要擦其他的部位。酒足饭饱后,打嗝顺气要有节制。

在正式宴会上,主持人没有示意结束时,客人一般不要先离席。如遇特殊情况需要先走,应向主人说明,向同桌就餐者表示歉意,方可先离席。

7.1.2 中餐礼仪操作技巧

1. 中餐礼仪操作技巧一:使用筷子的忌讳

中餐的筷子虽然用起来简单、方便,但也有很多规矩,掌握一定的使用忌讳是良好的餐饮社交的开端,我国用筷的二十四个忌讳内容,见表7-1。

表7-1 用筷二十四忌讳表

一忌叮当筷	二忌指人筷	三忌铲刀筷	四忌挑食筷	五忌递食筷
六忌游动筷	七忌窥视筷	八忌交叉筷	九忌碎肉筷	十忌刺筷
十一忌牙签筷	十二忌奶嘴筷	十三忌涮筷	十四忌流汁筷	十五忌满筷
十六忌叉形筷	十七忌倒用筷	十八忌仙指筷	十九忌卧桌筷	二十忌长短筷
二十一忌捉筷头	二十二忌竖插筷	二十三忌棍筷	二十四忌先横筷	

2. 中餐礼仪操作技巧二:中餐点菜要点与自助餐规则

中餐点菜是常识,也是好客、尊重对方的表现,需要考虑:①宴请人员及人数;②根据客人的身份及宴请的目的确定宴请时间、地点;③根据宴请人数确定菜肴的数量;④考虑客人,尤其是重要客人的喜好及禁忌。

社交活动经常会涉及吃自助餐,吃自助餐简单,方便每个人去自己喜欢的食物,吃自助餐时注意:一次不要取太多食物,够吃就好,吃不完浪费,也显得缺少修养;注意排队依次取食物,不要随意插队,尤其人多情况下;取食物时要轻拿轻放,取完后镊子和调羹放回原处,以方便他人使用,如图7.9所示。

图7.9 自助餐的场景

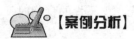【案例分析】

王主任去南方的一个城市出差,与某公司洽谈合作事宜,离开之际,对方请王主任在当

地一家有名的餐厅吃饭。王主任一进餐厅，主人便把他安排到"上座"就座。当时正好是炎热的夏季，王主任的"上座"又离空调最远。王主任一边聊天应酬，一边不停地擦汗，衣服也湿透了，满头的汗，也没吃几口满桌的海鲜与野味，找个理由很快告辞了。

分析中餐请客吃饭应该考虑几个方面。

7.2 西餐礼仪

西餐是西方国家的一种宴请形式。由于受民族习俗的影响，西餐的餐具、摆台、酒水菜点、用餐方式、礼仪等都与中餐有较大差别。目前，西餐也已成为我国招待宴请活动的一种方式。因此，了解西餐的一般常识和礼仪是十分必要的。

7.2.1 西餐礼仪知识点拨

1. 西餐的餐具及就座

1) 餐桌桌次安排

西式宴请中，比较常见的是横竖桌。如果涉及3桌或3桌以上的桌数，国际上的习惯是桌次的高低以离主桌位置远近而定，其他各桌距离主桌越近，桌次越高；距离主桌越远，桌次越低。这项规则亦称"主桌定位"。在安排桌次时，所用餐桌的大小、形状应大体相仿。除主桌客略大之外，其他餐桌不宜过大或过小，如图7.10所示。

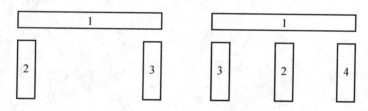

图7.10 西餐的桌次排序

2) 西餐常见餐具摆台

常见的西餐餐具有叉、刀、匙、杯、盘等。西餐的摆台因国家不同也有所不同，常见的有英美式、法国式、国际式西餐摆台。这里介绍一下国际式摆台方法。

国际上的常见的西餐摆台方法是，座位前正中是垫盘，垫盘上放餐巾（口布）。盘左放叉，盘右放刀、匙，刀尖向上、刀口朝盘，主食靠左，饮具靠右上方（图7.11）。正餐的刀叉数目应与上菜的道数相等，并按上菜顺序由外至里排列、用餐时也从外向里依序取用。饮具的数目和种类也应根据上酒的品种而定，通常的摆放顺序是从右起依次为葡萄酒杯、香槟酒杯、啤酒杯（水杯）。此外餐具摆放的距离也是有标准的。

3) 就座礼仪

西餐宴请的座次遵循以下原则：女士为尊（面门、居中）；以右为尊；交叉落座。

在正式宴请中，西式宴请多采用长条餐桌，席位安排，类似中式的圆桌，要让陪同人员或主人、副主人坐在长桌的两端，尽量留心别让客人坐在长桌两端的席位上。排座时还应考虑来宾民族习惯、宗教信仰的差异性，不要出现不协调局面。

图 7.11 主要的西餐餐具

家庭式宴会中,比较常见的安排是横竖桌,横桌一般是男女主人居中而坐,以主人为中心,以右为尊,交叉安排来宾,如图 7.12 所示;竖桌一般男女主人分居两端坐,以主人为中心,以右为尊,交叉安排来宾。注意有男女主人在场时,要优先考虑和照顾女主人,如图 7.13 所示。

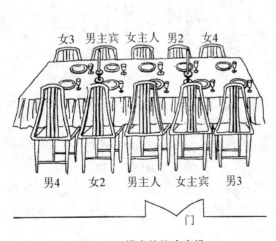

图 7.12 横桌的位次安排

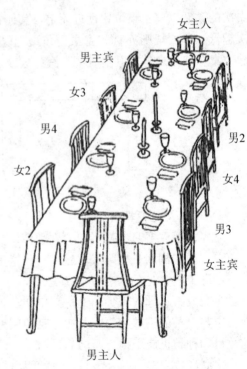

图 7.13 竖桌的位次安排

2. 西餐就餐礼仪

1) 餐巾的摆放与使用

入座后先取下餐巾打开,铺在双腿上(图 7.14)。如果餐巾较大,可折叠一下,放在双腿上,切不可将餐巾别在衣领上或裙腰处。用餐时可用餐巾的一角擦嘴,但不可用餐巾擦脸或擦刀叉等。用餐过程中若想暂时离开座位,可将餐巾放在椅面上,表示你还要回来(图7.15);若将餐巾放在餐桌上则表示你已用餐完毕,服务员则不再为你上菜。

 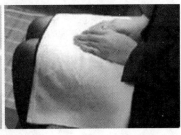

图 7.14 餐巾的使用之一

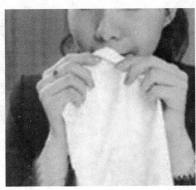 

图 7.15 餐巾的使用之二

2) 上菜顺序

菜肴从左边上,饮料从右边上,西餐上菜的一般顺序如下。

(1) 头盘,也称开胃品。开胃品的内容一般有冷头盘和热头盘之分,常见的品种有鱼子酱、鹅肝酱、熏鲑鱼、鸡尾杯、奶油鸡酥盒、焗蜗牛等。

(2) 面包。一般是切片面包,或是需要时从整个大面包上切片而食。

(3) 汤。西餐的汤大致可分为清汤、奶油汤、蔬菜汤和冷汤等五类。

(4) 蔬菜类菜肴。蔬菜类菜肴在西餐中称为沙拉。

(5) 副菜。鱼类菜肴称为副菜。品种包括各种淡、海水鱼类、贝类及软体动物类。

(6) 主菜。肉、禽类菜肴是西餐的主菜。

(7) 甜点。西餐的甜点是主食后食用的,包括所有主菜后的食物,如布丁、煎饼、冰激凌、奶酪、水果等。

(8) 咖啡、茶。西餐的最后一道是上饮料、咖啡或茶。

3) 刀叉的使用

吃西餐时,通常用左手持叉、右手持刀(图7.16)。将刀柄顶端至于置于手掌之中,用大拇指抵住刀柄的一侧,食指摁在刀背上,其余三指则顺势弯曲握住刀柄。用叉按住食物,用刀子切割,然后用叉子叉起食物送入口中,切不可用刀送食物入口。如果只使用叉子,也可用右手使用叉子。使用刀叉时应避免发出碰撞声。

如果就餐的过程中,需暂时离开一下,或与人攀谈,应放下手中的刀叉,刀口向内、叉齿向下，呈"八"字形状摆放在餐盘上(图7.17)。如果吃完了或者不想再吃了，可以刀口向内，叉齿向上，刀右、叉左并排放在餐盘上，如图7.18所示。

图 7.16　持刀叉的方法

图 7.17　八字摆放刀叉　　　　　　　图 7.18　并排摆放刀叉

4) 用餐礼仪

按时赴宴；礼貌问候；礼貌入席；文雅进餐。

当全体客人面前都上了菜，主人示意后方可开始用餐，切不可自行用餐；喝汤时不要发出声响；面包要用手去取，不可用叉子去取，也不可用刀子去切，面包应用手掰着吃；吃色拉时只能使用叉子；用餐过程中，若需用手取食物，要在西餐桌上事先备好的水盂里洗手（沾湿双手拇指、食指和中指），然后用餐巾擦干，切不可将水盂中的水当成饮用水喝掉；最好避免在用餐时剔牙，若非剔不可，必须用手挡住嘴；当招待员依次为客人上菜时，一定要待招待员走到你左边时，才轮到你取菜，如果在你的右边，不可急着去取；吃水果不要整个咬着吃，应先切成小瓣，用叉取食；若不慎将餐具掉在地上，可由服务员更换；若将油水或汤菜溅到邻座身上，应表示歉意，并由服务员协助擦干。

7.2.2　西餐礼仪操作技巧

1. 西餐礼仪操作技巧一：汤勺的摆放

西餐喝汤是重要的步骤，喝汤时发声和端碗一饮而尽都是失礼行为，西餐喝汤是一口一口用汤勺由外向内舀喝，喝完汤勺放碗内或托盘上，如图7.19所示。

2. 西餐礼仪操作技巧二：食用荤菜类的注意事项

西餐的荤菜包括大块肉、带骨肉、鱼虾等，吃肉要切成一口大小，再用叉子吃。带骨的肉要剔骨后切小块吃，吃鱼要剔骨按顺序切小块吃，如图7.20、图7.21、图7.22、图7.23所示。

②可摆在靠己侧的托盘上。

①喝完汤后，汤匙应朝上放置盘内。　③亦可直放。

图 7.19　汤勺的摆放

①以叉子压住要吃的部位，用刀子切成一口大小。　②大块的肉起先要切成两半，才好处理。

图 7.20　食用大块肉的方法

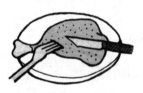

①沿着骨头以刀划开。　②去骨后切成一口大小食用。

图 7.21　食用带骨肉类的方法

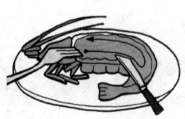
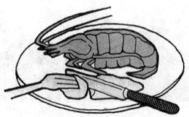

①要取出虾肉时，先用叉子压住头部。　②龙虾应先将虾肉取出，再切片食用。

图 7.22　食用带壳海鲜的方法

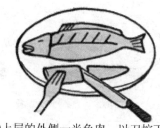

①用叉子压住鱼头,以刀沿着中间骨头至尾部划开　　②上层的外侧一半鱼肉,以刀挖下,放在面前的盘上。如果鱼较小,可以整块切下。

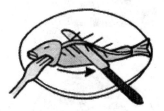

③刀从骨头和下层鱼肉之间划过,然后将下层鱼肉移至面前的盘上。　　④开始吃另一片鱼肉。

⑤吃下层鱼肉时,鱼不可翻面。

图 7.23　食用鱼肉的方法

3. 西餐礼仪操作技巧三：吃水果和甜品的注意事项

吃水果如果有籽,要切成小块后用小叉一口一口吃,籽要吐在手上并放盘中,不能边吐籽边吃。不带籽的,如甜瓜,要在盘中,用刀切成小的竖条状,再用刀切成一口大小的块用叉子吃,如图 7.24 所示。

图 7.24　食用水果的方法

冰激凌要从面前一勺一勺地小口吃,不应蘸其他点心,如图 7.25 所示。

【案例分析】

某出租汽车营运公司到上海某汽车集团公司看样车、签合同。经过磋商,双方成功签订了合同。为庆祝合同成功签署,汽车集团公司张董事长设宴招待某出租汽车营运公司李总经

①冰激凌应从面前部分开始吃。

②冰激凌不可盛在哈酥上吃。

③吃完后,汤匙需横放托盘上。

图7.25 食用甜品的方法

理一行3人。李总喜欢吃西餐,于是双方去西餐厅。李总发现自己的一个手下王斌吃鱼虾时与中餐一样,吃西瓜更是把籽吐到盘中到处跑,感觉很尴尬,回去狠狠训了王斌一顿。

王斌吃西餐应该注意哪些方面呢?

 7.3 饮品礼仪

7.3.1 饮品礼仪知识点拨

1. 饮酒礼仪

中国酒文化历经数千载而不衰。早就有以酒代"久"、"有"、"寿"之内涵,不论是喜庆筵席、亲朋往来,还是逢年过节、日常家宴,人们都要举杯畅饮,以增添一些喜庆气氛。酒能在许多场合使朋友间更融洽、陌生人之间不拘束。

1) 上酒的礼仪

不论宴会是在住家还是餐厅举行,如果提供的是珍品佳酿,务必把酒瓶拿出来给客人过目。一个用心的主人会同时准备红酒和白酒,满足不同人的偏好。家庭宴会前请先把白酒摆在冰箱至少两小时,或放入装着冰块和冰水的冰酒器20分钟。白酒品质愈好,降温所需时间也愈短,待客的红酒温度应相当于室温。

(1) 斟酒的顺序。第一次斟酒时,主人可以亲自为所有客人倒酒,倒酒时请在瓶颈垫上一条毛巾防滑,瓶口尽量朝上,免得酒洒出来。倒酒从坐在左侧的客人开始,最后才轮到主人自己。客人喝完一杯后,可以请坐在你对面的人(也就是副主人)帮忙为他附近的人添酒。如果你同时准备了红酒和白酒,基本礼貌是把两种酒瓶分放在桌子两端,不要让客人用一个杯子喝两种酒。

按国际惯例,服务员斟酒顺序应从男主人右侧的女宾或男主宾开始,接着是男主人,由此自右向左按顺时针方向进行。

如宴会规格较高，须由两人担任服务，其中一人按上述顺序开始，至女主人或第二主人右侧的宾客为止；另一服务人员从女主人或第二主人开始，依次向右，至前一侍者开始的邻座为止。在国际礼仪中，客人不亲自倒酒，而由主人和侍者来负责斟酒。

斟完酒，该如何拿酒杯呢？根据酒的不同，酒杯也千差万别，大小形状各异，各有用途，如图7.26所示。拿酒杯的姿势也各有规范，如高脚杯持杯时手尽量远离杯肚，食指和拇指捏住杯柱或者杯底就行了。最专业的持杯方法是拿酒杯的杯脚，这样方便观察，更容易摇杯。如白兰地杯，白兰地要用短腿大肚收口杯，适合用手加热逸出陈酿香气，所以手要握住杯肚，如图7.27所示。

图7.26 酒杯的大小形状

图7.27 高脚杯与白兰地杯的用法

（2）接受斟酒。宴席上斟酒时，接受斟酒者一般应起身或俯身，以手扶杯或作欲扶杯状，以示感谢或恭敬，如图7.28所示。对于拒绝斟酒的人，斟酒者（尤其是斟酒的主人）应该持理解和宽容的态度，而不应该强人所难。

（3）拒绝饮酒。在宴席上，如果确实不会喝酒或由于种种原因不打算喝酒的人，通常可以主动地要一些非酒类饮料，如汽水、果汁、矿泉水或白开水等，并说明不饮酒的原因。

让斟酒者在自己杯子里斟上一点，可以不喝。一般情形下，杯中酒是可以不喝的。当斟酒者向自己杯子里斟酒时，用手轻轻敲击酒杯的边缘，意思是：我不喝酒，谢谢。当斟酒工作是由侍者来服务时，你可轻声告诉他："我已经够了。""不用了，谢谢。"而不是动手把杯子挪开，

图7.28 接受斟酒

或捂住杯口，这样会引人侧目。

2) 敬酒的礼仪

（1）敬酒的顺序。在正式宴席上，一般先由主人向列席的来宾或客人敬酒，会饮酒的人则回敬一杯。如果宴席规模较大，主人则应依次到各桌敬酒，而各桌可由一位代表到主人所在的餐桌上回敬。向外宾敬酒时，应按礼宾顺序由主人首先向主宾敬酒。而在国外正式宴席上，通常由男主人首先举杯敬酒，并请客人们共同举杯。

一般情形下，客人、长辈、女士不宜首先向主人、晚辈、男士敬酒。

（2）敬酒的姿势。敬酒时，上身挺直，双腿站稳。干杯时，应按礼宾顺序由主人与主宾先干杯。正式宴会上，女士一般不宜首先提出为主人、上级、长辈、男士的健康干杯。劝酒要适可而止，尤其在国际交际场合，不宜劝酒。切忌饮酒过量，以控制在本人的酒量为宜。

（3）敬酒的态度。敬酒时态度要热情、大方，应起立举杯并且目视对方，整个敬酒过程中都不应将目光移开。敬酒要适可而止，敬酒意味着干杯，要见好就收。有些人借敬酒之名，行灌醉别人之实，甚至偷偷在别人饮料中倒上烈性酒，还有说辞"感情浅，舔一舔，感情深，一口闷"，这些都是有违礼仪要求的。

（4）敬酒的方式。中国人的好客，在酒席上发挥得淋漓尽致。人与人的感情交流往往在敬酒时得到升华。敬酒一方面表示尽到了主人之谊，另一方面说明客人看得起自己，不失面子。敬酒的方式有"文敬"、"武敬"、"罚敬"，这些都保留着淳朴民风的一面。

"文敬"，是传统酒德的一种体现，即有礼有节地劝客人饮酒。酒席开始，主人往往在讲上几句话后，便开始了第一次敬酒。这时，宾主都要起立，主人先将杯中的酒一饮而尽，并将空酒杯口朝下，说明自己已经喝完，以示对客人的尊重。客人一般也要喝完。在席间，主人往往还分别到各桌去敬酒。

"回敬"，是客人向主人敬酒。

"互敬"，是客人与客人之间的"敬酒"，互敬使人与人的感情交流得到升华。

"代饮"，即不失风度，又不使宾主扫兴的躲避敬酒的方式。本人不会饮酒，或饮酒太多，但是主人或客人又非要敬上以表达敬意，这时，就可请人代酒。如在婚礼上，伴郎和伴娘往往是代饮的首选人物，故酒量一般都比较大。

"罚酒"，是中国人"敬酒"的一种独特方式。"罚酒"的理由也是五花八门。最为常见的可能是对酒席迟到者的"罚酒三杯"。有时也不免带点开玩笑的性质。

3) 饮酒的礼仪

喝酒能反映出一个人的格调、品位和文明程度。有些人喝酒时，举起酒杯看也不看，便一饮而尽，甚至任凭酒水顺着嘴角往下流，显得极其狼狈、粗俗不堪。而会喝酒的人则截然不同，他们懂得怎样品酒并且懂得怎样喝酒。

饮酒礼仪：适量斟酒；机智敬酒；适度饮酒；文明劝酒。

（1）适量饮酒。了解自己的酒量以及喝哪些酒更容易醉倒，酒量最好打个八折，不要自信心过强。

（2）随和宽容。随和是饮酒的基本礼貌。如果主人有各种牌子的酒，你可以选自己喜欢的酒喝。宽容是指不轻易指定要喝的酒，以免尴尬，尤其是家宴或公共场合饮酒。

（3）喝酒的速度。即客方喝酒的速度尽可能地不要超过宴会的主人。女士要慢慢地喝，慢慢地品酒才不失优雅。

4) 劝酒的礼仪

中国历来都是无酒不成席，劝酒、敬酒是中国饭局最有特色的部分。不但主人要劝酒，客人与客人之间也要劝酒、敬酒，以此表达友好之情。

2. 饮茶水、咖啡礼仪

我国历来就有"客来敬茶"的民俗。早在三千多年前的周朝，茶已被奉为礼品与贡品。到两晋、南北朝时，客来敬茶已经成为人际交往的社交礼仪。颜真卿《春夜啜茶联句》中有"泛花邀坐客，代饮引清言"。唐代刘贞亮赞美"茶有十德"，认为饮茶除了可健身外，还能"以茶表敬意"、"以茶可雅心"、"以茶可行道"。当今社会，客来敬茶更成为人们日常社交和家庭生活中常见的往来礼仪。

1) 茶水礼仪

（1）选茶。按习惯，茶一般可以分为五大类，即，红茶、绿茶、乌龙茶、花茶、紧压花茶。各类茶都具有与众不同的特色，而不同的人往往对茶又有着各不相同的爱好。以茶待客，当然应该投客人所好。所以沏茶之前，最好先征求客人的意见，根据客人的爱好或要求来选茶。

（2）装茶。这里所谓装茶，指的是向客人的杯（碗）中放入茶叶。装茶礼仪主要涉及两个问题：一是茶具必须完好、清洁；二是装茶之前要先洗手，装茶时应用茶匙，即便洗过手了也不应该用手去抓茶叶。

（3）上茶。

上茶时可由主人向客人献茶，也可由工作人员或服务人员直接向客人上茶。主人向客人献茶时，应起身，用双手将茶杯（碗）递给客人，同时道一声"请"。客人亦应起身，用双手接过茶杯（碗），同时道一声"谢谢"。

工作人员或服务人员上茶时，一定要注意上茶的先后顺序。在客人与主人之间，要先给客人上茶；在客人与客人之间，先给主宾上茶。如有茶点心，应放在客人的右前方，茶杯应摆在点心右边。上茶时应以右手端茶（图7.29），从客人的右方奉上，并面带微笑，眼睛注视对方。

图7.29　上茶

（4）斟茶。这里所说的斟茶，指的是往茶杯（碗）中加入沸水。它可以是开始沏茶时加入沸水，也可以是初次沏茶之后间隔一段时间再往茶杯（碗）中添上或续上沸水。奉茶时应注意，茶不要太满，以八分满为宜。中国人待客的礼节讲究"浅茶满酒"、"酒满茶半"。在斟茶过程中，作为客人应起身或欠身，或用弯曲的食指或中指轻敲桌面三下，以示谢意，这叫"金鸡三点头"。斟茶时客人视若无睹或无动于衷，都是不合礼仪的。

（5）饮茶。无论客人、主人，饮茶时都应慢慢地小口地细心品尝，切忌大口地吞咽茶水，或者喝得咕噜咕噜直响，有失雅观。饮茶时如遇水面有漂浮的茶叶，可用茶杯（碗）盖将其轻轻拂去，或用嘴将其轻轻吹开，切不可用手将其捞出，又随手扔在地上。

2）咖啡礼仪

（1）上咖啡。晚宴咖啡一般用小咖啡杯装，底下垫咖啡碟，并附一个小咖啡匙。高档晚宴上，主人会事先通知服务员在另一个房间上咖啡。

若在用餐处喝咖啡，主人或服务员应倒好咖啡，再把咖啡杯连碟子放在客人席位桌面的右侧，小匙摆在碟上右端。倒咖啡或送咖啡应像倒酒一样，站在客人右手边进行，然后从客人左手边端上装奶精和糖的托盘。另一种上咖啡的方式是，把放咖啡杯、咖啡碟、一组咖啡匙、咖啡壶、糖和奶精罐的托盘摆在主人面前，由主人为客人服务。

在独立房间用咖啡，服务员可以先把咖啡倒好放在一个大托盘里，让客人自己加奶精或糖。另一种做法是把包括咖啡壶、杯子、碟、咖啡匙、糖和奶精罐的托盘放在沙发前的咖啡桌上，主人坐在沙发上为客人服务。客人来拿咖啡时，主人应该问他加多少糖或奶精，然后依正确方式把咖啡杯递给客人。

（2）杯碟的使用。盛放咖啡的杯碟一般都是特制的，这种杯子的杯耳较小，手指无法穿过去。即使使用杯耳较大的杯子，也不要将手指穿过杯耳端杯子。咖啡杯应放在自己面前或右侧，杯耳指向右方。

咖啡杯的正确拿法，应是拇指和食指捏住杯耳将杯子端起，如图7.30所示。

图7.30　咖啡杯的正确拿法

喝咖啡时，用右手拿着咖啡杯耳，左手轻轻托着咖啡碟，慢慢地移向嘴边轻啜，不可发出响声。不要满把握杯、大口吞咽，或俯首去吸咖啡。若遇到一些不方便的情况，例如，坐在远离桌子的沙发上，不便双手端着咖啡饮用，此时可用左手将咖啡碟置于齐胸的位置，用右手端着咖啡杯饮用。饮毕，应立即将咖啡杯置于咖啡碟中，不可将二者分别放置。添加咖啡时，不要把咖啡杯从咖啡碟中拿起来。

（3）咖啡匙的使用。咖啡匙是专门用来搅拌咖啡的，标准的搅拌手法是将咖啡匙立于咖啡杯中央，先顺时针由内向外划圈，到杯壁再由外向内逆时针划圈至中央，然后重复同样的手法。这种方法令咖啡浓淡均匀。搅过咖啡的匙，上面都会沾有咖啡，应轻轻顺着杯子的内缘将汁液擦掉，绝不能拿起匙甩动，或用舌头舔咖啡匙。

用过的匙最好放在托盘的内侧，以免端起咖啡杯时碰落。不要用咖啡匙舀着咖啡一匙一匙地喝，也不要用咖啡匙来捣碎杯中的方糖。

（4）闻香品咖啡。一般来说，趁热品尝主人为你端上来的咖啡，是喝咖啡的基本礼节。但应注意，喝咖啡不能像喝白开水一样，一口气把一杯都喝完，而且喝咖啡也不像喝茶或果汁，可以连续喝几杯，那样，主人会笑话你老土或认为你失礼的。

一杯咖啡端到面前，先不要急于喝，应该像品茶或品酒那样，有个循序渐进的过程，以达到放松、提神和享受的目的。品尝咖啡首先对着咖啡杯深深地吸一口气，先闻其香，然后吹开咖啡油再轻啜一小口，这便是咖啡的原味，之后再随个人喜好加入糖、奶。

给咖啡加糖时，有两种情况。一种是加砂糖，可用咖啡匙舀取，直接加入杯内，同时，为避免咖啡溅出，添加时位置应尽量低。另一种是加方糖，可先用糖夹子把方糖夹在咖啡碟的近身一侧，再用咖啡匙把方糖加在杯子里。如果用糖夹子或手把方糖放入杯中，可能会使咖啡溅出，弄脏衣服或台布，是不礼貌的行为。另外，与他人一起喝咖啡时，不要为他人加糖，不知道别人的口味而随便为人加糖也是不礼貌的。

喝咖啡时，有时可以吃一些点心，但不要一手端着咖啡杯，一手拿着点心，吃一口喝一口地交替进行。喝咖啡时应当放下点心，吃点心时则应放下咖啡杯，否则易给人一种贪婪的印象，而且吃相也不文雅。

7.3.2 饮品礼仪操作技巧

1. 饮品礼仪操作技巧一：西餐和酒的搭配与品尝

西餐的餐前酒（鸡尾酒和香槟酒）搭配开胃菜，餐酒一般是红葡萄酒搭配牛羊肉，白葡萄酒搭配鱼、海鲜和鸡肉，所谓"红酒搭红肉，白酒搭白肉"。餐后酒（白兰地酒）是用来消化的，只在就餐后喝。

一般在西餐厅里会有品酒师为客人搭配酒水，可以请品酒师为您选好合适的酒水。

西餐喝红酒应该是品酒，品酒分为观色、闻香、品尝三步，专业一点观色不仅仅看颜色；闻香也要先静止闻香，再摇杯闻香；品尝时酒液要在口腔中停留12秒。品红酒步骤如图7.31所示。

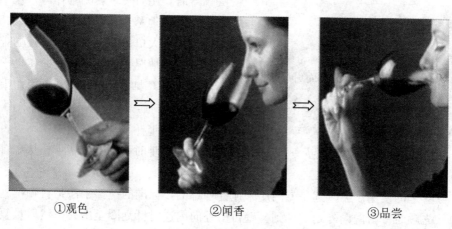

①观色　　　　　②闻香　　　　　③品尝

图 7.31　品红酒步骤

2. 饮品礼仪操作技巧二：喝咖啡的注意点

饮用咖啡注意不要用左手托起咖啡杯底部就喝，加糖不要一次放几块图省事，轻搅慢品咖啡才能够体现优雅。日常生活中常见的喝咖啡的不雅动作包括用手指穿过杯耳，用嘴吹凉咖啡喝、用勺舀着喝等，应注意避免。喝咖啡的不雅动作如图7.32所示。

3. 饮品礼仪操作技巧三：品茶

品茶需要用专用茶杯或者喝功夫的小杯小口品，才能够品出茶醇厚的味道和芳香，感受茶文化魅力。品茶的茶杯如图7.33所示。

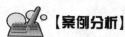【案例分析】

泰利公司总部销售部王经理为拓展国际业务，宴请公司老客户史密斯先生以及他的朋友爱德华夫妇，希望通过史密斯先生的引荐，与爱德华先生开展业务。餐后，王经理为客人们

图 7.32 喝咖啡的不雅动作

图 7.33 品茶的茶杯

点了餐厅推荐的招牌咖啡。咖啡上来后,因为比较烫,王经理不停地用嘴轻轻地吹着咖啡,吹了一会儿后,发现还是太烫,于是用咖啡匙舀着喝。史密斯先生和爱德华先生目睹了这一情景,面有不悦。王经理几次想谈合作的事情,爱德华先生都没有展开话题。

请从咖啡礼仪的角度分析王经理饮用咖啡的问题,如何饮咖啡才合乎规范?

本章小结

本章讲述了餐饮礼仪的内容和操作技巧,用图片、案例分析了餐饮中的问题。其中,中餐礼仪论述了就餐礼仪的原则与要点,介绍了中餐的桌次安排、餐具的使用、就座的礼仪规范等要求;西餐礼仪主要讲解了餐台的安排内容,就餐的礼仪规范,用图片介绍了西餐中吃荤菜和水果的方法;饮品礼仪中介绍了酒、茶、咖啡的礼仪知识和礼仪的规范,在操作技巧方面对相关问题进行了探讨。

复习思考题

1. 简述中餐礼仪中用餐礼仪的内容。
2. 西餐的就座礼仪包括几个方面?
3. 简述社交礼仪在饮酒方面,敬酒有哪些方式。

第 7 章 餐饮礼仪

第 8 章

社会应酬礼仪

SHEHUI YINGCHOU LIYI

【学习目标】

(1) 了解开业典礼的内容。
(2) 掌握会议礼仪的基本要点。
(3) 了解剪彩礼仪的运用。
(4) 掌握开业典礼、剪彩礼仪和会议礼仪的运用技巧。

8.1 开业典礼

8.1.1 开业典礼知识点拨

开业典礼(又称开张庆典)是指在单位建立、开业,项目落成、移交,举办某项活动、开始某项工作之初,为了表示庆贺,按照一定的程序所举行的礼仪活动。开业庆典不只是一个简单的程序化庆典活动,开业庆典的规模与气氛代表一个工商企业的风范与实力。举办开业典礼,既是单位工作的一个良好开端,也能引起社会对本单位的普遍重视,提高单位的知名度和美誉度。因此,开业仪式是主办单位非常重视的一项活动,要掌握开业典礼的礼仪,以保证典礼的顺利进行。例如,图 8.1 就是一个基本的开业典礼活动。

图 8.1 开业典礼

1. 开业典礼流程的基本要求

开业典礼作为单位的一项活动,需要做方方面面的准备工作。从地点、时间的选择到人员、物质的准备,每一项都不能马虎。下面将准备工作逐一介绍如下。

(1) 宣传活动主题。开业主题既要求短小有力,又要求形象鲜明,以便于给人留下深刻的印象。一般表现为几个并列的词语或句子,例如,"宾至如归,热情服务"。

活动有明确主题可以通过舆论宣传,扩大自身的知名度;向公众显示自身的硬件设施,展示综合实力;通过邀请目标公众,争取确定良好的合作关系,争取会议、接待、旅游等项目的承办权,并签订意向书,为占领市场铺平道路,为今后的发展打下坚实的基础。

(2) 选择场地。开业地点一般设在企业经营所在地、目标公众所在地或租用大型会议场所,既要考虑场地是否够用、场内空间与场外空间的比例是否合适等因素,同时也要考虑交通是否便利、停车位是否足够等。开业典礼的场地环境要精心布置,用彩带、气球、标语、祝贺条幅、花篮、牌匾等烘托喜庆热烈气氛。

(3) 选择时间。首先,要关注天气预报,提前向气象部门咨询近期天气情况。最好选择阳光明媚的良辰吉日,天气晴好,更多的人才会走出家门、走上街头。参加典礼活动,天气情况也是典礼活动能够顺利进行的因素之一。另考虑民众消费心理和习惯,善于利用节假日传播组织信息。例如,各种传统的节日、近年来在国内兴起的国外习俗节日、农历的三、六、九等日子。借机发挥,大造声势,激励消费欲望。

其次,选择主要嘉宾、主要领导和大多数目标公众能够参加的时间,以保证参加人员的规模。同时要减少扰民,一般安排在上午9:00~10:00之间比较恰当。如果外宾为本次活动主要参与者,则更应注意各国不同节日的风俗习惯、民族审美趋向,切不可在外宾忌讳的日子里举办开业典礼。若来宾是印度或伊斯兰国家的人则要更加留心,其认为3和13是忌数,当遇到13时,要说12加1,所以开业日期和时间不能选择3或13两个数字。

(4) 邀请宾客。首先要确立邀请对象,邀请对象要尽量全面,并考虑到今后单位的发展。邀请上级领导及社会名流以提升档次和可信度;邀请工商、税务等直接管辖部门,以便今后取得支持;邀请潜在的、预期的未来客户是企业经营的基础;邀请同行业人员及合作伙伴,以便相互沟通合作。

其次,要做好邀请工作。可以电话邀请,还可以制作通知、发传真。最能够表明诚意与尊重的方法是发邀请函或派专人当面邀请。邀请工作应该提前一周完成,以便于被邀者及早安排和准备。

请柬的印制要精美(图8.2)、内容要完整、文字要简洁、措辞要热情,被邀者姓名书写要正确。请柬一般应派专人送达,以表示诚恳和尊重。发放请柬后,在仪式举行的前一两天,还应打电话确认宾客是否能如约参加仪式。

图8.2 开业典礼请柬样本

(5) 做好开业典礼的舆论宣传工作。企业可以利用报纸、杂志等视觉媒介物以及电台、电视台等大众媒体方式进行舆论宣传工作,提高典礼的知名度。也可以运用传播媒介,广泛张贴告示,以引起公众的注意。这种广告的内容一般应包括①开业典礼举行的日期和地点;②企业的经营特色;③开业时对顾客的馈赠和优待,购物折扣;④顾客光临时应乘坐的车次、路线等。

(6) 场地布置。为显示隆重与敬客,可在来宾尤其是贵宾站立之处铺设红色地毯;在场地四周悬挂标语横幅、彩带、宫灯等;在醒目处,摆放来宾赠送的花篮、牌匾、空飘气球等。例如,在大门两侧各置中式花篮20个,花篮飘带上的一条写上"热烈庆祝××开业庆典"字样,另一条写上庆贺方的名称。正门外两侧,可设充气动画人物、空中舞星、吉祥动物等造型。现场的环境要烘托出热烈、隆重、喜庆的气氛,可在现场张灯结彩、悬挂彩灯、彩带。张贴一些宣传标语,并且张挂标明庆典具体内容的大型横幅。如果有能力,还可以请由本单位员工组成的乐队、锣鼓队届时演奏音乐或敲锣打鼓，热闹热闹。

（7）物质准备。礼品准备：赠与来宾的礼品。挑选典礼用的礼品要考虑宣传性、荣誉性和独特性。如选用本单位的产品，可以在礼品的包装上印有本单位的企业标志、广告用语、产品图案、开业日期等。另外，礼品要具有一定的纪念意义，使人一目了然或过目不忘，使拥有者对其珍惜、尊重，并为之感到光荣和自豪。

设备准备：音响、录音录像、照明设备以及开业典礼所需的各种用具、设备，由技术部门进行检查、调试，以防在使用时出现差错。

交通工具准备：接送重要宾客、运送货物等。

就餐准备：人数、座次、食物、就餐用具等。

庆典活动所需用品的准备：如剪彩仪式所需的彩带、剪刀、托盘等；工作人员服装的统一定做；留作纪念或用以宣传的礼品、画册、优惠卡、贵宾卡的定做。

2. 开业典礼的基本礼节

开业典礼的礼仪要求是指在典礼仪式过程中举办方和宾客方应该遵循的礼仪规范。

1）开业典礼举办方的礼仪

对典礼的组织者来说，整个仪式过程都是礼待宾客的过程，企业每个人的仪容仪表、言谈举止都关系到企业的形象。为此，作为开业典礼的举办方，应注意如下礼仪。

（1）保持良好的个人形象。

（2）准备周全。

（3）遵时守约。

（4）礼遇宾客。

2）参加开业的宾客礼仪

参加开业典礼的宾客应尽量做到以下几点。

（1）友好热情准时参加，为主办方捧场。

（2）赠送贺礼。

（3）主动交往。

（4）贺词到位。

（5）礼貌告别。

8.1.2 开业典礼操作技巧

（1）开业典礼操作技巧一：开业典礼主题醒目，人员穿戴整齐规范，如图8.3所示。

（2）开业典礼操作技巧二：开业典礼场地大气，显示实力，如图8.4所示。

（3）开业典礼操作技巧三：关注天气和节日安排，尽量选择晴朗的天气，如图8.5所示。

（4）开业典礼操作技巧四：开业典礼宾客的邀请，请有名望的人出席，能够增加气氛和提高知名度，带来好的效果。

（5）开业典礼操作技巧五：开业典礼场地布置应便于演出和观摩，显得大气，方便观看，如图8.6所示。

图 8.3 开幕典礼主题醒目

图 8.4 开业典礼场地大气

图 8.5 开业典礼选择晴朗的天气　　　　图 8.6 开业典礼场地布置

（6）开业典礼操作技巧六：开业典礼活动要丰富多彩，如中国传统的舞龙表演、焰火展示和文艺演出，如图 8.7 所示。

图 8.7 开业典礼活动

(7) 开业典礼操作技巧七：不同的开业典礼，包括新店开张、工程奠基、通车典礼等项目，结合项目特点采用不同的方式，如图 8.8 所示。

图 8.8　不同形式的开业开幕

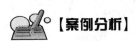【案例分析】

香港迪士尼乐园的开幕活动

2005 年 9 月 10～12 日，香港迪士尼安排了为期 3 天的开幕庆典活动。有近 1000 名世界各国及各地嘉宾和 900 多名中外传媒人士参加了乐园的开幕典礼。乐园向各嘉宾发出了"童话式"请柬，由一个金色大礼盒装载，内有请柬、立体式设计的乐园简介以及一个开幕纪念章。

作为中国首个迪士尼乐园，乐园特别将开幕庆典订在 9 月 10～12 日举行，并为 3 天订了不同的主题，分别为 9 月 10 日的"Welcome The Magic""欢迎神奇"；9 月 11 日的"Experience The Magic""感受神奇"；及 9 月 12 日的"Celebrate The Magic""庆祝神奇"。

9 月 10 日 11 时 30 分，位于香港大屿山的迪士尼乐园举行了盛大的开幕仪式。国家副主席曾庆红、香港特别行政区行政长官曾荫权亲临开幕现场并致辞。随后，4 名主礼嘉宾为舞狮队举行了点睛仪式。来自美国加利福尼亚、佛罗里达、日本东京、法国巴黎的 4 个迪士尼主题乐园的小朋友表达了对香港迪士尼加入大家庭的美好祝愿。12 时 20 分许，"名誉大使"张学友和"亲善大使"杜苡乐分别出现在睡公主城堡前面。在米老鼠的见证下，4 位主礼嘉宾为香港迪士尼剪彩，全球最小的米老鼠家园开业迎宾了。

9 月 11 日上午 9 时，随着"轰、轰、轰"3 声巨响，五彩缤纷的礼花在香港迪士尼乐园上空冲天怒放。喇叭里一声"奇妙世界开始了"，宣告乐园里最受欢迎的游乐项目"飞越太空山"正式启动。以此为标志，香港迪士尼乐园所有游乐设施全面启动，开始迎接游客的到来。12 日中午 11 时 45 分，第一个位于中国的迪士尼乐园正式揭幕。乐园在下午 1 时正式对外开放。

请分析和讨论开业典礼对社会组织塑造良好形象的作用。

 8.2　剪彩礼仪

8.2.1　剪彩礼仪知识点拨

剪彩仪式，通常是指单位举办展览会、展销会或新设备、新工程竣工启用时举行的庆典活动。因其主要活动内容是约请专人使用剪刀剪断被称之为"彩"的红色缎带，故此被人们称为剪彩。剪彩的目的也是为了引起社会上众多人士的注意,扩大宣传效果,提高企业的知名度。

1. 剪彩礼仪准备阶段的基本要求

剪彩仪式既可以单独举行,也可以在庆典中进行,是整个庆典仪式的高潮。剪彩仪式的准备工作与前面介绍的庆典仪式的准备工作相类似,如舆论宣传、拟定人员、请柬发送、现场布置等,但剪彩仪式也有自己特殊的准备工作。

1) 剪彩人员的确定

(1) 剪彩人员:一般由上级领导、主管部门负责人或某一方面的知名人士来担任,由举办剪彩活动单位的领导亲自出面或委派代表专程邀请。若要邀请几位剪彩者一同剪彩(一般不超过5人),应事先征求每位剪彩者的意见,得到同意后才能正式确定下来。

(2) 助剪人员:助剪人员是指在剪彩过程中为剪彩者提供帮助的人员,多为东道主一方的礼仪小姐。礼仪小姐常由举办方挑选年轻、精干、身材和相貌姣好的年轻女职员担任,也可以到专业组织聘请,如图8.9所示。

图8.9 礼仪小姐

剪彩仪式上礼仪小姐的分工:迎宾→引导→服务→拉彩→捧花→托盘。

2) 剪彩仪式用品的准备

剪彩用品主要有红色缎带、新剪刀、白色薄纱手套、托盘以及红地毯等。

(1) 红色缎带,即剪彩仪式之中的"彩"。一般来说,红色缎带(图8.10)上所结的花团,不仅要醒目硕大,而且具体数目往往同现场剪彩者的人数相关,通常使用长两米左右的红色缎带。

(2) 白色薄纱手套,专供剪彩者在剪彩仪式上正式剪彩时使用,如图8.11所示。

图8.10 剪彩的红色缎带和剪刀　　　　图8.11 剪彩用的白色薄纱手套

(3) 托盘,专供盛放剪刀、白色薄纱手套使用。托盘最好是崭新洁净的,通常为银色的不锈钢制品,为了显示正规,还可以在使用时铺上红色绒布或绸布,如图8.12所示。

(4) 红色地毯,主要用于铺设在剪彩者正式剪彩时站立之处,其长度可视剪彩者的人数多少而定,宽度不应在一米以下,如图8.13所示。

图 8.12 剪彩的托盘

图 8.13 剪彩准备的红色地毯

2. 剪彩礼仪程序阶段的基本要求

剪彩仪式，通常应包含如下五项基本的程序。

(1) 请来宾就位。
(2) 宣布仪式正式开始。
(3) 进行发言。
(4) 进行剪彩。
(5) 进行参观。

例如，我国深港西部大通道开通剪彩仪式，整个剪彩仪式的现场布置得很庄重。剪彩仪式的流程如下：①领导人入场并就座，包括胡锦涛等中央领导人、香港特区的领导人、广东省以及深圳市的负责人；②主持人宣布剪彩仪式开始；③香港特区行政长官曾荫权讲话；④国务委员唐家璇讲话；⑤请胡锦涛、曾荫权等六位领导人剪彩；⑥剪彩仪式结束，礼宾退席。

深港西部大通道开通剪彩仪式分为六个部分，基本体现了剪彩仪式的程序要求，是比较典型的一个案例。从中可以看到，剪彩仪式要有相关的人员出席（如胡锦涛等中央领导人、香港特区的领导人、广东省以及深圳市的负责人出席），主办方和邀请方都要派代表发言（香港特区行政长官曾荫权讲话、国务委员唐家璇讲话），最后进行剪彩。

8.2.2 剪彩礼仪操作技巧

剪彩仪式主要流程的操作要点如下。

(1) 用会标、彩旗、气球、花篮、花盆、红地毯等布置布置好会场(图 8.14)。
(2) 做好来宾和剪彩者的引导工作，如请来宾签名(图 8.15)。
(3) 主办方发言对来宾致以谢意(图 8.16)。
(4) 剪彩者衣着、服饰大方、整洁，举止文雅，庄重认真剪彩，向人们鼓掌致意。
(5) 助剪人员举止优雅，体现出良好的素质和风度(图 8.17)。
(6) 剪彩仪式结束后，举办方应组织参观或聚会，并向来宾赠送礼品。

图 8.14 剪彩会场布置

图 8.15 请来宾签名

图 8.16 发言表达谢意

图 8.17 助剪人员

【案例分析】

某公司举行新项目开工剪彩仪式,请来张市长和当地各界名流参加,请他们坐在主席台上。仪式开始时,主持人宣布:"请张市长下台剪彩!"却见张市长端坐没动;主持人很奇怪,重复了一遍:"请张市长下台剪彩!"张市长还是端坐没动,脸上还露出一丝恼怒。主持人又宣布了一遍:"请张市长剪彩!"张市长才很不情愿地勉强起来去剪彩。

请分析上述案例中,张市长不高兴的原因是什么。

8.3 会议礼仪

8.3.1 会议知识点拨

会议是指由有关组织召开的听取情况、讨论问题和布置工作的集会,通常有特定的主题,按照一定的流程进行研究、讨论、商议,主要包括工作性会议、报告会、研讨会等形式。

会务工作总的指导原则为组织严密、精心准备、服务周全、确保安全。所有会务工作的具体内容都要围绕以上原则展开。

1. 会议之前

会前工作主要内容和流程如图 8.18 所示。

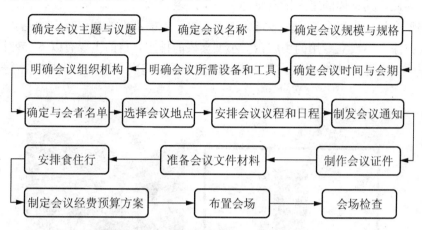

图 8.18　会前工作主要内容和流程

在会务工作中，以会前的组织工作最为关键，可以概括为以下四个方面。

1）筹备会议

举行任何会议之前，应结合单位的实际情况和会议目标先行确定主题，确定主题后再对主题进行细化就形成了会议议题。在主题或者议题的基础上确定会议名称，会议名称一般由"单位＋内容＋类型"构成。

筹备会议一般都会有专人负责，重要的会议还需成立会议组织机构分别负责会务、宣传、接待、保卫、资料等方面工作。工作人员围绕会议主题确定好会议规模与规格、议程与日程、与会人员、所需物品、确定预算方案、时间和地点。

2）准备文件资料

会议通知的方式有书面的、邮件的、口头的或者电话的，一般正式的会议都应采用书信式或请柬式的书面通知，由会议的主办单位发给所有与会单位、人员。撰写书面会议通知时，内容主要有会议名称、会议内容、时间和地点、会议主要出席人、发通知的单位、发通知的时间、回执等。会议通知拟定完成后，应设法保证及时送达，切勿耽搁延误。

会议上所用到的各种文件材料，一般应在会前准备妥当，主要有会议议程、日程表、会场座次表、开幕词、闭幕词、主题报告、领导讲话稿、大会决议和其他会议资料等。有的文件在与会人员报到时发放。

正式会议的与会人员还要佩戴会议证件，主办单位要提前制作和发放会议证件，主要内容包括会议名称、与会人员单位、姓名、职务、证件号码等。有些重要证件还要贴上本人照片，加盖印章。会议证件可分为代表证、出席证、列席证、来宾证、旁听证、工作证、记者证、出入证等。

3）布置会场

会场的风格特点：庄严、肃穆、轻松、简洁、喜庆、儒雅、简单、朴素。会场内外需要布置会标、会徽、台幕、标语、旗帜、花卉、桌签、坐签、音乐、音响、灯光、投影、摄像和多媒体设备等。

举行正式会议时,通常应事先排定与会者的座次,尤其是其中重要身份者的具体座次。越是重要的会议,其座次排定往往越受到社会各界的关注。对有关会议排座的礼仪规范,会议筹备方不但需要有所了解,而且必须认真遵守。在实际操办会议时,由于会议的具体规模多有不同,因此,其具体的座次排定便存在一定的差异。

(1) 小型会议。小型会议,一般指参加者较少、规模不大的会议。它的主要特征是全体与会者均应排座,不设立专用的主席台。小型会议的排座,目前主要有以下三种具体形式。

① 自由择座。它的基本做法,是不安排固定的具体座次,而由全体与会者完全自由地选择座位就座。

② 面门设座,如图 8.19 所示。

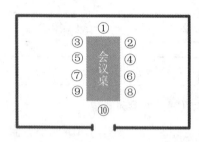

图 8.19 小型会议面门设座

③ 依景设座。所谓依景设座,是指依托会议室之内的主景所在,如字画、讲台等。

(2) 大型会议。大型会议,一般是指与会者众多、规模较大的会议,如图 8.20 所示。

① 主席台排座。大型会场的主席台,一般应面对会场主入口。主席台排座,又可分为主席团排座、主持人座席、发言者席位三个方面。

a. 主席团排座。主席团是指在主席台上正式就座的全体人员。国内目前排定主席团位次的基本规则有三:一是前排高于后排;二是中央高于两侧;三是左侧高于右侧。主席团排座如图 8.21 所示。

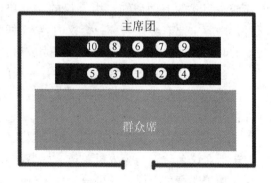

图 8.20 大型会议安排　　　　　图 8.21 主席团排座

b. 主持人座席。会议主持人其具体位置之所在有三种方式可供选择,即居于前排正中央,居于前排的两侧,按其具体身份排座。

c. 发言者席位可以安排在主席团的正前方或者右上方,如图 8.22 所示。如果不设主席台,就安排在台面中间或右角,如图 8.23 所示。

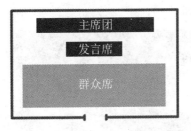 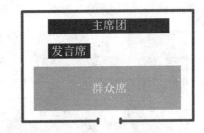

图 8.22　发言席安排

图 8.23　发言席位置

② 群众席排座。群众席排座有自由式择座和按单位就座两种方式。自由式择座，即不进行统一安排，由大家各自择位而坐；按单位就座，即按单位、部门或者地位、行业就座，如图 8.24 所示。

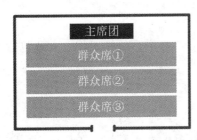 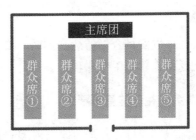

图 8.24　群众席排座

4）常规性准备

全面检查会场，包括会场布置、文件准备、安全保障、空调和通风设备等，有些设备还要提前进行调试。

根据会议的规定和需要与外界搞好沟通，如向有关新闻部门、公安部门进行通报。做好会议用品，如纸笔、文件夹、座签、桌签、音像制品、饮料等的补充、采购，还要安排要具体接待人员。

2. 会议期间

接待人员负责会议期间的具体会务，要一丝不苟地做好下列工作。

（1）例行服务：负责接送、引导、陪同与会人员，发放会议证件和文件资料，奉茶递水。

（2）组织签到：小型日常会议由本人在签到单上签到。大、中型会议一般采用出示证件或以书面通知的方式由本人签到,如图8.25所示。

图8.25 会议签到

(3) 会议记录。会议记录要求准确、完整、简洁、明确,可以有笔记、打印、录音、录像等。会议记录包括:①记录头,会议名称、时间、地点、会议主席(主持人)、出席、列席和缺席情况、记录人、主要议题;②记录主题,会议中心议题以及围绕中心议题展开的有关活动、讨论、争论的焦点及各方的主要见解、权威人士或代表人物的发言、会议已议决的或议而未决的事项、对会议产生较大影响的其他言论或活动;③记录尾:散会、主持人、记录人签字。

(4) 信息沟通。

(5) 编写简报。

(6) 后勤保障。后勤保障包括安全保障、食宿管理、迎送交通、文化生活、医疗卫生、经费管理等方面的工作。

3. 会议之后

会议结束,可以安排合影留念。同时,做好必要的后续性工作,大致包括形成文件、处理材料、协助返程、总结工作4项。

8.3.2 会见与会谈礼仪的基本要求

会见,国际上一般称接见或拜会,凡身份较高的人士会见身份较低者,或是主人会见客人,一般都称为会见。会谈是指双方或多方就某些重大的政治、经济、文化、军事问题,以及其他共同关心的问题交换意见。会谈专业性较强,在企业中主要是指商务谈判等。会见与会谈的基本程序如图8.26所示。

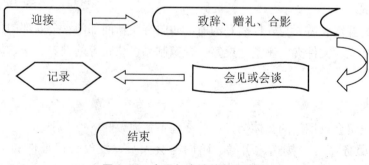

图8.26 会见与会谈的基本流程

1. 了解对方情况

双方在开始会见与会谈前，应了解对方的目的、参加人员名单和职务、社会背景（如习俗、禁忌、礼仪等特征）、主要见面人的详细资料等问题。

2. 安排时间和地点

会见的地点一般安排在主人的办公室、会客室或小型会议室，也可在客人的住所。会谈的地点一般安排在客人所住的宾馆会议室。时间安排应先征求对方的意见。

3. 通知对方

会见与会谈的名单、地点、时间一旦确定，应及时通知对方。了解客人抵达方式，以便告知主方的接送方式及接送人员。如果是重要的会见和会谈，事先应由秘书或其他工作人员进行预备性磋商，确定会见、会谈的具体日程。

4. 场所的布置及座位安排

1）场所的布置

会谈桌上有时需放置双方标志旗帜（如果是涉外谈判，应摆放两国国旗），现场可放置双方主要人员座位卡，以便与会者对号入座。

2）会见与会谈的座次安排

（1）会见的座次安排。会见时，应遵循"主左客右"的原则，即客人坐在主人的右边。涉外会见还应有译员。会见座位安排如图 8.27 所示。

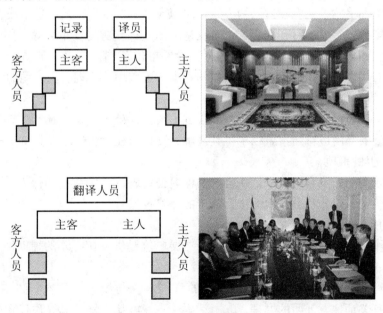

图 8.27　会见座位安排

（2）会谈的座次安排。双方会谈一般将谈判桌排成长方形，双方各坐一边，主方位于背门一侧，或进门后的左侧，双方主谈人位于各方长排中央，其他人员按右高左低排列。桌上应放置中文座位卡，涉外会谈，要同时放置对方语种的座位卡。会淡的座次安排如图 8.28 所示。

（3）多边会谈的座位可摆成圆形或方形，如图 8.28 所示。

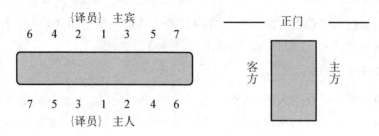

图 8.28 会谈的座次安排

8.3.3 展览会礼仪的基本要求

展览会是指通过实物并辅以文字、图形或示范性的表演来展现社会组织成果，以提高组织形象、促进产品销售的专题活动。展览会礼仪，通常是指商界单位在组织、参加展览会时，所应当遵循的礼仪规范与惯例。

1. 展览会的组织

一般的展览会可由参展单位自行组织，也可由专门机构进行策划。根据惯例，展览会的组织者需要重点进行的具体工作有参展单位的确定、展览内容的宣传、展示位置的分配、安全保卫的事项、辅助服务的项目等。

1）参展单位的确定

按惯例，主办单位事先应以适当的方式，向拟参展单位发出正式的邀请或召集。

邀请或召集的主要方式有刊登广告、寄发邀请函、召开新闻发布会等。同时，应告知参展单位以下事项：展览会的宗旨、展出主题、参展单位范围与条件、展览会举办时间与地点、报名参展的具体时间及地点、所应负担的基本参展费用、咨询有关问题的联络方式等。

2）展示内容的宣传与现场的布置

在举办展览会前，必须依法履行常规的报批手续。此外，组织者还须主动将展览会的举办详情向当地公安部门进行通报，以求得其理解、支持与配合。

3）安全保卫的事项

举办规模较大的展览会时，最好从合法的保卫公司聘请一定数量的保安人员，将展览会的保安工作全权交予对方负责，同时进行常规的保险投保。

4）辅助的服务项目

主办单位作为展览会的组织者，有义务为参展单位提供一切必要的辅助性服务项目。通常主要包括下列各项：

①展品的运输与安装；②车、船、机票的订购；③与海关、商检、防疫部门的协调；④跨国参展时有关证件、证明的办理；⑤电话、传真、电脑、复印机等现代化的通信联络设备；⑥举行洽谈会、发布会等商务会议或休息之时所使用的适当场所；⑦餐饮以及有关展览时使用的零配件的提供；⑧供参展单位选用的礼仪、讲解、推销人员等。对上述提供的各项辅助性服务项目，应事先对有关费用的支付进行详尽的说明。

2. 参展礼仪

参展单位正式参加展览会时，在整体形象、礼貌待人、解说技巧三个主要方面，应予以高度的重视。

（1）参展单位的整体形象，主要由展示之物的形象与工作人员的形象两个部分所构成。展物的形象由展品的外观、展品的质量、展品陈列、展位布置、发放资料等构成。

（2）工作人员的形象是指在展览会上直接代表参展单位露面的人员的穿着打扮。工作人员都必须礼貌到位、谦和有礼、站立迎宾，不允许迟到、早退、无故脱岗、东游西逛，更不允许在观众到来之时坐、卧不起，怠慢对方。

在销售型展览会上，解说一定要注意"FABE"并重。其中，"F"指展品特征，"A"指展品优点，"B"指客户利益，"E"则指可资证明的证据，要求其解说应当以客户利益为重，要在提供有利证据的前提之下，着重强调自己所介绍、推销的展品的主要特征与主要优点，以争取使客户觉得言之有理，并乐于接受。

8.3.4　赞助会礼仪的基本要求

赞助是指单位或个人拿出自己的钱财、物品，来对其他单位或个人进行帮助和支持，是社会慈善事业的重要组成部分之一。它不仅可以帮助他人，表达爱心，体现出高度的责任感，而且也有助于获得社会对赞助者的好感，提高赞助人在社会上的知名度、美誉度，塑造良好的公众形象。

1. 赞助的类型

所谓赞助的类型，指的是赞助的具体形式。赞助的类型最为常见的是按赞助的项目或者按赞助物所划分的赞助类型。

2. 赞助的步骤

赞助的步骤一般有下列四项。
（1）前期的研究，即论证赞助活动的必要性与可能性。
（2）确定赞助的计划。
（3）项目的审核。
（4）兑现承诺。赞助活动一经正常决定，即应择机将其付诸实施。在实施中赞助单位应审慎行事、严守承诺。

3. 会务的安排

（1）公告。在赞助活动正式实施之际，往往需要正式举行一次聚会，将有关的事宜公告于社会。这种以赞助为主题的赞助会，在赞助活动中，赞助仪式大都必不可少。

（2）地点的选择。根据规范，赞助会通常应由受赞助者出面承办，而由赞助单位给予其适当的支持。赞助会的举行地点，一般可选择受赞助者所在单位的会议厅。亦可由其出面，租用社会上的会议厅。

（3）会场的布置。在会议厅悬挂一条大红横幅，以金色或黑色的楷书书写着"某某单位赞助某某项目大会"，或者"某某赞助仪式"的字样。

（4）确定参会人员与议程。参加赞助会的人士，既要有充分的代表性，又不必在数量上过多。赞助会的整体风格是庄严而神圣的，一般赞助会的全部时间应控制在一小时以内。

8.3.5 新闻发布会礼仪的基本要求

新闻发布会，或称为记者招待会，是一个社会组织直接向新闻界发布有关组织信息，解释组织重大事件而举办的活动。一般而言，新闻发布会礼仪包括会议的筹备、现场的应酬与善后的事宜。

1. 会务的筹备

新闻发布会的会前筹备，主要从以下五个方面进行。

1) 确定主题

新闻发布会的主题一般有三类：①发布某一消息；②说明某一活动；③解释某一事件。

2) 安排人员与地点

（1）安排有关人员时，首先要选好主持人与发言人。主持人一般由组织方的宣传负责人担任，如公关部部长、办公室主任或秘书长等。发言人一般由组织方的主要负责人担任，应该在公司身居要职，有权代表公司讲话，具有一定的权威性。

（2）新闻发布会的地点安排。场地可以选择户外（事件发生的现场，便于摄影记者拍照），也可以选择在室内。举行新闻发布会的现场应交通便利、易于寻找、面积适中、条件舒适。

3) 拟定流程

新闻发布会的流程：①主持人宣布开会；②介绍应邀参加会议的政府官员和主要发言人；③宣布提问开始，说明记者提问时间、提问规则等；④宣布提问时间到，提问结束；⑤组织参观或宴请。

4) 准备材料

在筹备新闻发布会时，组织方通常事先需要准备好的材料如下：①发言提纲；②问答提纲；③宣传提纲；④辅助材料。

5) 邀请媒体

目前，新闻媒体大体分为电视、广播、报纸、杂志、网络五类，它们各有所长，各有所短。在分析各类媒体的优缺点后，应针对性地选择邀请。

2. 新闻发布会现场的应对与准备

（1）主持人、发言人适当修饰外表。按照惯例，主持人、发言人要进行必要的化妆，以淡妆为主；发型应当庄重而大方；男士着深色西服套装、白色衬衫、黑袜黑鞋，并且打领带，女士则宜穿单色套裙、肉色丝袜、高跟皮鞋；服装必须干净、挺括。新闻发布人的形象如图 8.29 所示。

图 8.29　新闻发布人的形象

(2) 主持人、发言人应密切配合。主持人、发言人相互配合，在新闻发布会上是极其重要的。

(3) 主持人、发言人注意语言艺术的运用。要点有：①简明扼要；②提供新闻；③生动灵活；④温文尔雅。

8.3.6 会议礼仪操作技巧

1. 操作技巧一：会议安排与主持者

会议主持与安排的主要职责有：①落实会议议程；②介绍参会人员；③控制会议时间；④把握会场氛围，如图8.30所示。

图8.30 会议主持与安排

2. 操作技巧二：会谈后的签字与合影

签字需要助签人员、文本、笔等用品。合影要讲究顺序，合理安排好座位。会议签字安排与合影安排分别如图8.31、图8.32所示。

图8.31 会议签字安排

领导					
7	5	3	1	2	4	6

相机

图8.32 会议合影安排

3. 操作技巧三：展览安排

展览项目内容应该具体，标示要醒目，安排上要方便人员出入。展览会现场如图8.33所示。

4. 操作技巧四：洽谈会标志与主持

标志要突出、醒目，主持人应该穿戴整齐，正式着装，如图 8.34 所示。

图 8.33　展览会现场

图 8.34　洽谈会标志与主持

5. 操作技巧五：发布会安排

发布会要突出项目，并安排座位，新闻发布会安排如图 8.35 所示。

图 8.35　新闻发布会安排

6. 操作技巧六：捐赠活动安排

捐赠活动安排要考虑捐赠项目与金额的具体和醒目化，同时方便操作，如图 8.36 所示。

图 8.36　捐赠活动安排

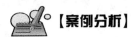【案例分析】

某地级市准备以市委、市政府名义召开一次全地区性会议。为了给有关单位充分的时间准备会议材料和安排好工作，决定由市政府办公室先用电话通知各县和有关部门，然后再发书面通知。电话通知发出不久，某领导即指示，这次会议很重要，应该让参会单位负责某项工作的领导人也来参加，以便更好地完成这次会议所贯彻落实的任务。于是，发出补充通知。过后不久，另一领导同志又指示，要增加另一项工作的负责人参加会议。如此再三，在三天内，一个会议的电话通知，通知了补充，补充了再补充，前后共发了三次，搞得下边无所适从，怨声载道。

分析导致此结果的原因有哪些。

本章小结

本章主要学习社会应酬礼仪，包括如何组织开业典礼、如何安排会议和剪彩等。交往艺术就是如何与人打交道，即如何处理人际关系。讲社会应酬礼仪，就是要按照规范重视人际关系、处理人际关系、搞好人际关系，懂得社会应酬礼仪的重要性。社会应酬礼仪的核心作用是为了体现人与人之间的相互尊重。

无论是开业典礼、剪彩典礼或是会议礼仪，都有一套约定成俗的程序，本章从知识内容，到操作技巧都提供了详细的内容和图片，以便学习者理解与掌握。

复习思考题

1. 会议期间要做好哪些工作？
2. 剪彩程序的基本要求包括哪几项？

附　　录

附录一　礼仪常识与能力测试题

目的：分析个人的礼仪常识程度与需要提高的方面。

要求：请每题按照第一感觉完成，不要有太多的思考，时间3～5分钟。

1. 你去面试时，如何称呼考官？（　　）
   A. 称呼"老师"或"领导"等身份
   B. 称呼"同志"
   C. 不称呼

2. 你怎样称呼比你年长的人？（　　）
   A. 称呼身份　　　B. 直呼姓名　　　C. 只呼名不道姓

3. 如果你要去拜访一个客人，你应该怎么称呼？（　　）
   A. 以亲属相称　　B. 称呼身份　　　C. 直呼姓名

4. 在公共场合，你是否会很随便地喊别人的绰号？（　　）
   A. 不会　　　　　B. 偶尔会　　　　C. 经常会

5. 如果有一个人正好挡住你的路，此时你会说（　　）。
   A. 请您让一让　　B. 喂，让一让　　C. 走开

6. 你看到熟人，此时你会（　　）。
   A. 和他（她）打招呼　B. 点头走开
   C. 视而不见

7. 当熟人和你打招呼时，你会（　　）。
   A. 微笑着热情回应　B. 微笑，客套问候或点头回应
   C. 视而不见

8. 如果有人赞美你，你会向他说"谢谢！"吗？（　　）
   A. 一直会的　　　B. 有时候会，有时候不会
   C. 从来不会

9. 你是不是很容易展露笑容，包括在陌生人面前？（　　）
   A. 是的　　　　　B. 大部分时候是的
   C. 不是

10. 你对饭店服务员是不是跟对待朋友一样很有礼貌？（　　）
    A. 是的　　　　　B. 偶尔是的　　　C. 不是

11. 当你第一次登门拜访某公司李总,事先打电话约见,在电话里你会说(   )。

    A. 你好李总,我是××,有事想拜访您,不知您什么时候方便?

    B. 李总,我有事想拜访您,不知您什么时候方便?

    C. 李总,我想拜访你,你看在哪里方便?

12. 当你想了解对方,你会说(   )?

    A. 请问,您贵姓(不知怎样称呼您)

    B. 好像我见过你,你姓张

    C. 你叫什么名字

13. 你的朋友把他的同事介绍给你,此时你会(   )。

    A. 有礼貌地说:"认识你很高兴!"

    B. 点点头,不说话

    C. 反应麻木,不感兴趣

14. 你把你的男(女)同事×××介绍给你的父母亲,你会说(   )。

    A. 爸妈,这是我的同事×××

    B. 我来介绍一下,这是我父母,这是我的同事×××

    C. ×××,这是我父母。

15. 别人正在融洽地交谈时,你是否会贸然地闯入?(   )

    A. 不会   B. 偶尔会   C. 经常会

16. 当你与人交谈时,你是否会打断他的内容着急说你的观点?(   )

    A. 不会   B. 偶尔会   C. 经常会

17. 因为某些话题能引起你的兴趣,所以即使有时朋友会不感兴趣,你也要坚持谈论这样的话题?(   )

    A. 不会   B. 偶尔会   C. 经常会

18. 跟别人谈话时,你是不是一直很注意对方的反应?(   )

    A. 是   B. 偶尔是   C. 不是

19. 你的电话打通后,你会说(   )。

    A. 您好!我是××× B. 喂,麻烦帮我找×××

    C. 喂,我找×××

20. 假如你应邀去KTV与友聚会唱歌,你会(   )。

    A. 饶有兴趣地参加 B. 找借口不参加

    C. 当场谢绝邀请

评分标准:A=3分   B=2分   C=1分

得分评析:

0~29分:说明你在日常生活中属于缺乏礼仪常识与教养的,你可能只是依着自己的习惯行事而已,从而会给人留下不懂礼仪的不好印象,因此建议你很有必要学习基本的礼仪知识,提高礼仪能力与修养。

30~40分:说明你在日常生活中对礼仪的认识一般,对你而言关注礼仪细节少或者认为是可有可无的。现代社会对礼仪的要求越来越高,建议你要提高人际交往能力,想在工作和生活中有良好的帮助,就必须掌握一定的礼仪知识并学会应用。

50～60分：说明你不管在日常生活中还是在工作场合，都比较注意自己的礼仪修养与礼仪能力的运用，相信你会不断提高，有更好更多的运用，获得最好的人缘。

（礼仪网：http：//swly.zjwchc.com 李霞主编《秘书礼仪实务》浙江大学出版社，P15～17）

附录二 职业人士仪容仪表形象自测题

目的：进一步了解自己的仪容仪表状态，认识到自我形象的重要以及差距。

1. 你感觉自己长得漂亮吗？（   ）
   A. 漂亮   B. 一般，说得过去
   C. 不认为漂亮   D. 丑了点
2. 你出门总是收拾好自己的仪容吗？（   ）
   A. 很好   B. 较好   C. 一般化   D. 不收拾
3. 你定期洗头与修剪指甲吗？（   ）
   A. 定期   B. 不定期   C. 偶然做   D. 很少
4. 你关注过自己的脸型，配合修饰过眉型与设计发型吗？（   ）
   A. 很好地修饰与设计过   B. 偶然进行过，感觉一般化
   C. 感觉难，不进行这方面的修饰   D. 没想过，没关注这些
5. 你关注过你的眼神，在与人交流中对人热情吗？（   ）
   A. 关注过，很热情   B. 关注到比较热情
   C. 偶然可以，总体不太热情   D. 一般冷漠的多
6. 你喜欢你的微笑吗？（   ）
   A. 喜欢   B. 一般   C. 不太喜欢   D. 不喜欢
7. 你照镜子，练习过你的微笑吗？（   ）
   A. 是的，我经常在镜中练习   B. 照过，偶尔练习
   C. 没练过感觉一般   D. 没有想过照镜子练习微笑
8. 你出门穿戴整齐，感觉自己值得他人信赖吗？（   ）
   A. 是的   B. 还行
   C. 看情况   D. 没有考虑这个问题
9. 你有饭后漱口、及时检查自我仪容仪表的好习惯吗？（   ）
   A. 是的   B. 一般
   C. 偶然做，不太好   D. 想不起来，很少做
10. 你有出门前，检查脸、发、眼状况，看上衣、裤、包、鞋搭配的习惯吗？（   ）
    A. 是的，已经习惯   B. 偶尔检查看
    C. 想起来就看看希望不大   D. 出门随便，这些一般不做

评分标准：认真回答后，请按以下标准计算得分
选A＝5分   B＝3分   C＝1分   D＝0分。
得分评析：

得分 45 分以上，说明你重视自我形象，已经养成保持仪容仪表的好习惯，在形象上具备职业的优势。

得分 25 分以上，说明你对不太重视自我形象，对自己缺乏信心，职业工作需要你在仪容仪表方面重塑或者进行调整。

得分 8 分以上，说明你的自我形象较弱，你离职业人士基本的仪容仪表要求差得很远。

得分 8 分以下，说明你不关心自我的仪容仪表，自我形象差，请尽快提高自我形象，从关注仪容仪表细节开始，否则你可能将一事无成。

（礼仪网：http：//swly.zjwchc.com　李霞工作室整理）

附录三　职业礼仪的十大检查表

男 性		女 性	
头发	是否理得短而端正？ 是否保持整洁？ 检查有无头屑飘落？	头发	是否经常整理？ 是否遮脸？色彩是否端正？ 发型与脸型是否匹配？
胡须	每天早上剃吗？ 剃得干净吗？	化妆	是否自然端庄？ 是否过浓？
领带	颜色花纹是否过分耀眼？ 上衣和裤子颜色是否搭配？	衬衣	领口袖口干净吗？ 纽扣是否有掉落？ 是否和外衣协调？
西服	颜色和花纹是否过分耀眼？ 上衣和裤子颜色是否搭配？ 穿前是否熨烫？	服装	色彩是否协调？ 是否应时、应景、应事、应己？ 是否过于随便怪异？
衬衣	颜色和花纹是否过分耀眼？ 和上衣、裤子颜色搭配吗？ 穿前是否熨烫？	内衣	是否皱折明显？ 有无外露？ 是否合体？
工作服	是否有破损或斑迹	工作服	是否有斑迹、是否平整或油污
手指甲	手是否干净？ 指甲是否剪短并清洁？	手指甲	手是否定期护理修剪干净？ 指甲油颜色是否过于艳丽？
裤子	穿前是否熨烫？ 膝盖部分是否突出？ 是否有斑迹？ 拉链、搭扣有无理好？	裙子	穿前是否熨烫？ 长短、款式是否合身？ 拉链有无异常？ 是否有斑迹？
袜子	有无破损？ 与裤、鞋的颜色配吗？ 检查是否有异味？	丝袜	颜色是否合适？ 有无漏洞？ 是否有另备？
鞋	皮鞋是否擦拭干净？ 皮鞋颜色是否合适？ 鞋带是否松了？ 是否经常穿旅游鞋上班？	鞋	皮鞋是否擦拭干净？ 颜色、款式合适吗？ 鞋跟是否过高？ 是否经常穿凉鞋或凉拖上班？

礼仪网：http：//swly.zjwchc.com　李霞工作室整理

北京大学出版社本科财经管理类实用规划教材（已出版）

财务会计类

序号	书名	标准书号	主编	定价	序号	书名	标准书号	主编	定价
1	基础会计（第2版）	7-301-17478-4	李秀莲	38.00	23	基础会计学学习指导与习题集	7-301-16309-2	裴 玉	28.00
2	基础会计学	7-301-19403-4	窦亚芹	33.00	24	财务管理理论与实务	7-301-20042-1	成 兵	40.00
3	会计学	7-81117-533-2	马丽莹	44.00	25	税法与税务会计实用教程（第2版）	7-301-21422-0	张巧良	45.00
4	会计学原理（第2版）	7-301-18515-5	刘爱香	30.00	26	财务管理理论与实务（第2版）	7-301-20407-8	张思强	42.00
5	会计学原理习题与实验（第2版）	7-301-19449-2	王保忠	30.00	27	公司理财原理与实务	7-81117-800-5	廖东声	36.00
6	会计学原理与实务（第2版）	7-301-18653-4	周慧滨	33.00	28	审计学	7-81117-828-9	王翠琳	46.00
7	会计学原理与实务模拟实验教程	7-5038-5013-4	周慧滨	20.00	29	审计学	7-301-20906-6	赵晓波	38.00
8	会计实务	7-81117-677-3	王远利	40.00	30	审计理论与实务	7-81117-955-2	宋传联	36.00
9	高级财务会计	7-81117-545-5	程明娥	46.00	31	会计综合实训模拟教程	7-301-20730-7	章洁倩	33.00
10	高级财务会计	7-5655-0061-9	王奇杰	44.00	32	财务分析学	7-301-20275-3	张献英	30.00
11	成本会计学	7-301-19400-3	杨尚军	38.00	33	银行会计	7-301-21155-7	宗国恩	40.00
12	成本会计学	7-5655-0482-2	张红漫	30.00	34	税收筹划	7-301-21238-7	都新英	38.00
13	成本会计学	7-301-20473-3	刘建中	38.00	35	基础会计学	7-301-16308-5	晋晓琴	39.00
14	管理会计	7-81117-943-9	齐殿伟	27.00	36	公司财务管理	7-301-21423-7	胡振兴	48.00
15	管理会计	7-301-21057-4	彤芳珍	36.00	37	财务管理学实用教程（第2版）	7-301-21060-4	骆永菊	42.00
16	会计规范专题	7-81117-887-6	谢万健	35.00	38	政府与非营利组织会计	7-301-21504-3	张 丹	40.00
17	企业财务会计模拟实习教程	7-5655-0404-4	董晓平	25.00	39	预算会计	7-301-22203-4	王筱萍	32.00
18	税法与税务会计	7-81117-497-7	吕孝侠	45.00	40	统计学实验教程	7-301-22450-2	裘雨明	24.00
19	初级财务管理	7-301-20019-3	胡淑姣	42.00	41	基础会计实验与习题	7-301-22387-1	左 旭	30.00
20	财务管理学原理与实务	7-81117-544-8	严复海	40.00	42	基础会计	7-301-23109-8	田凤彩	39.00
21	财务管理学	7-5038-4897-1	盛均全	34.00	43	财务会计学	7-301-23190-6	李柏生	39.00
22	财务管理学	7-301-21887-7	陈 玮	44.00					

工商管理、市场营销、人力资源管理、服务营销类

序号	书名	标准书号	主编	定价	序号	书名	标准书号	主编	定价
1	管理学基础	7-5038-4872-8	于千千	35.00	28	市场营销学	7-301-21056-7	马慧敏	42.00
2	管理学基础学习指南与习题集	7-5038-4891-9	王 珍	26.00	29	市场营销学：理论、案例与实训	7-301-21165-6	袁连升	42.00
3	管理学	7-81117-494-6	曾 旗	44.00	30	市场营销学	7-5655-0064-0	王槐林	33.00
4	管理学	7-301-21167-0	陈文汉	35.00	31	国际市场营销学	7-301-21888-4	董 飞	45.00
5	管理学	7-301-17452-4	王慧娟	42.00	32	市场营销学（第2版）	7-301-19855-1	陈 阳	45.00
6	管理学原理	7-5655-0078-7	尹少华	42.00	33	市场营销学	7-301-21166-3	杨 楠	40.00
7	管理学原理与实务（第2版）	7-301-18536-0	陈嘉莉	42.00	34	国际市场营销学	7-5038-5021-9	范应仁	38.00
8	管理学实用教程	7-5655-0063-3	邵喜武	37.00	35	现代市场营销学	7-81117-599-8	邓德胜	40.00
9	管理学实用教程	7-301-21059-8	高爱霞	42.00	36	市场营销学新论	7-5038-4879-7	郑玉香	40.00
10	管理学实用教程	7-301-22218-8	张润兴	43.00	37	市场营销理论与实务（第2版）	7-301-20628-7	那 薇	40.00
11	通用管理知识概论	7-5038-4997-8	王丽平	36.00	38	市场营销学实用教程	7-5655-0081-7	李晨耘	40.00
12	管理学原理	7-301-21178-6	雷金荣	39.00	39	市场营销学	7-81117-676-6	戴秀英	32.00
13	管理运筹学（第2版）	7-301-19351-8	关文忠	39.00	40	消费者行为学	7-81117-824-1	甘瑁琴	35.00
14	统计学原理	7-301-21061-1	韩 宇	38.00	41	商务谈判（第2版）	7-301-20048-3	郭秀君	49.00
15	统计学原理	7-5038-4888-9	刘晓利	28.00	42	商务谈判实用教程	7-81117-597-4	陈建明	24.00
16	统计学	7-5038-4898-8	曲 岩	42.00	43	消费者行为学	7-5655-0057-2	肖 立	37.00
17	应用统计学（第2版）	7-301-19295-5	王淑芬	48.00	44	客户关系管理实务	7-301-09956-8	周贺来	44.00
18	统计学原理与实务	7-5655-0505-8	徐静霞	40.00	45	公共关系学	7-5038-5022-6	于朝晖	40.00
19	管理定量分析方法	7-301-13552-5	赵光华	28.00	46	非营利组织	7-301-20726-0	王智慧	33.00
20	新编市场营销学	7-81117-972-9	刘丽霞	30.00	47	公共关系理论与实务	7-5038-4889-6	王 玫	32.00
21	公共关系理论与实务	7-5655-0155-5	李泓欣	45.00	48	公共关系学实用教程	7-81117-660-5	周 华	35.00
22	质量管理	7-5655-0069-5	陈国华	36.00	49	跨文化管理	7-301-20027-8	晏 雄	35.00
23	企业文化理论与实务	7-81117-663-6	王水嫩	30.00	50	企业战略管理	7-5655-0370-2	代海涛	36.00
24	企业战略管理	7-81117-801-2	陈英梅	34.00	51	员工招聘	7-301-20089-6	王 爽	30.00
25	企业战略管理实用教程	7-81117-853-1	刘松先	35.00	52	服务营销理论与实务	7-81117-826-5	杨丽华	39.00
26	产品与品牌管理	7-81117-492-2	胡 梅	35.00	53	服务企业经营管理学	7-5038-4890-2	于千千	36.00
27	东方哲学与企业文化	7-5655-0433-4	刘峰涛	34.00	54	服务营销	7-301-15834-0	周 明	40.00

序号	书 名	标准书号	主编	定价	序号	书 名	标准书号	主编	定价
55	运营管理	7-5038-4878-0	冯根尧	35.00	70	服务型政府管理概论	7-301-20099-5	于干千	32.00
56	生产运作管理（第2版）	7-301-18934-4	李全喜	48.00	71	新编现代企业管理	7-301-21121-2	姚丽娜	48.00
57	运作管理	7-5655-0472-3	周建亨	25.00	72	创业学	7-301-15915-6	刘沁玲	38.00
58	组织行为学	7-5038-5014-1	安世民	33.00	73	公共关系学实用教程	7-301-17472-2	任焕琴	42.00
59	组织行为学实用教程	7-301-20466-5	冀 鸿	32.00	74	现场管理	7-301-21528-9	陈国华	38.00
60	现代组织理论	7-5655-0077-0	岳 澎	32.00	75	现代企业管理理论与应用（第2版）	7-301-21603-3	邰彦彪	38.00
61	人力资源管理（第2版）	7-301-19098-2	颜爱民	60.00	76	服务营销	7-301-21889-1	熊 凯	45.00
62	人力资源管理经济分析	7-301-16084-8	颜爱民	38.00	77	企业经营ERP沙盘应用教程	7-301-20728-4	董红杰	32.00
63	人力资源管理原理与实务	7-81117-496-0	邹 华	32.00	78	项目管理	7-301-21448-0	程 敏	39.00
64	人力资源管理实用教程（第2版）	7-301-20281-4	吴宝华	45.00	79	公司治理学	7-301-22568-4	蔡 锐	35.00
65	人力资源管理：理论、实务与艺术	7-5655-0193-7	李长江	48.00	80	管理学原理	7-301-22980-4	陈 阳	48.00
66	政府与非营利组织会计	7-301-21504-3	张 丹	40.00	81	管理学	7-301-23023-7	申文青	40.00
67	会展服务管理	7-301-16661-1	许传宏	36.00	82	人力资源管理实验教程	7-301-23078-7	畅铁民	40.00
68	现代服务业管理原理、方法与案例	7-301-17817-1	马 勇	49.00	83	社交礼仪	7-301-23418-1	李 霞	29.00
69	服务性企业战略管理	7-301-20043-8	黄其新	28.00					

经济、国贸、金融类

序号	书 名	标准书号	主编	定价	序号	书 名	标准书号	主编	定价
1	宏观经济学原理与实务（第2版）	7-301-18787-6	崔东红	57.00	22	金融市场学	7-81117-595-0	黄解宇	24.00
2	宏观经济学（第2版）	7-301-19038-8	骞令香	39.00	23	财政学	7-5038-4965-7	盖 锐	34.00
3	微观经济学原理与实务	7-81117-818-0	崔东红	48.00	24	保险学原理与实务	7-5038-4871-1	曹时军	37.00
4	微观经济学	7-81117-568-4	梁瑞华	35.00	25	东南亚南亚商务环境概论	7-81117-956-9	韩 越	38.00
5	西方经济学实用教程	7-5038-4886-5	陈孝胜	40.00	26	证券投资学	7-301-19967-1	陈汉平	45.00
6	西方经济学实用教程	7-5655-0302-3	杨仁发	49.00	27	证券投资学	7-301-21236-3	王 毅	38.00
7	西方经济学	7-81117-851-7	于丽敏	40.00	28	货币银行学	7-301-15062-7	杜小伟	38.00
8	现代经济学基础	7-81117-549-3	张士军	25.00	29	货币银行学	7-301-21345-2	李 冰	42.00
9	国际经济学	7-81117-594-3	吴红梅	39.00	30	国际结算（第2版）	7-301-17420-3	张晓芬	35.00
10	发展经济学	7-81117-674-2	赵邦宏	48.00	31	国际结算	7-301-21092-5	张 慧	42.00
11	管理经济学	7-81117-536-3	姜保雨	34.00	32	金融风险管理	7-301-20090-2	朱淑珍	38.00
12	计量经济学	7-5038-3915-3	刘艳春	28.00	33	金融工程学	7-301-18273-4	李淑锦	30.00
13	外贸函电（第2版）	7-301-18786-9	王 妍	30.00	34	国际贸易理论、政策与案例分析	7-301-20978-3	冯 跃	42.00
14	国际贸易理论与实务（第2版）	7-301-18798-2	缪东玲	54.00	35	金融工程学理论与实务（第2版）	7-301-21280-6	谭春枝	42.00
15	国际贸易（第2版）	7-301-19404-1	朱廷珺	45.00	36	金融学理论与实务	7-5655-0405-1	战玉峰	42.00
16	国际贸易实务（第2版）	7-301-20486-3	夏合群	45.00	37	国际金融实用教程	7-81117-593-6	周 影	32.00
17	国际贸易结算及其单证实务	7-5655-0268-2	卓乃坚	35.00	38	跨国公司经营与管理（第2版）	7-301-21333-9	冯雷鸣	35.00
18	政治经济学原理与实务（第2版）	7-301-22204-1	沈爱华	31.00	39	国际金融	7-5038-4893-3	韩博印	30.00
19	国际商务	7-5655-0093-0	安占然	30.00	40	国际商务函电	7-301-22388-8	金泽虎	35.00
20	国际贸易实务	7-301-20919-6	张 肃	28.00	41	国际金融	7-301-23351-6	宋树民	48.00
21	国际贸易规则与进出口业务操作实务（第2版）	7-301-19384-6	李 平	54.00					

法律类

序号	书 名	标准书号	主编	定价	序号	书 名	标准书号	主编	定价
1	经济法原理与实务(第2版)	7-301-21527-2	杨士富	39.00	5	劳动法和社会保障法（第2版）	7-301-21206-6	李 瑞	38.00
2	经济法实用教程	7-81117-547-9	陈亚平	44.00	6	金融法学理论与实务	7-81117-958-3	战玉锋	34.00
3	国际商法理论与实务	7-81117-852-4	杨士富	38.00	7	国际商法	7-301-20071-1	丁孟春	37.00
4	商法总论	7-5038-4887-2	任先行	40.00	8	商法学	7-301-21478-7	周龙杰	43.00

电子商务与信息管理类

序号	书 名	标准书号	主编	定价	序号	书 名	标准书号	主编	定价
1	网络营销	7-301-12349-2	谷宝华	30.00	8	电子商务概论（第2版）	7-301-17475-3	庞大莲	42.00
2	数据库技术及应用教程（SQL Server版）	7-301-12351-5	郭建校	34.00	9	网络营销	7-301-16556-0	王宏伟	26.00
3	网络信息采集与编辑	7-301-16557-7	范生万	24.00	10	电子商务概论	7-301-16717-5	杨雪雁	32.00
4	电子商务案例分析	7-301-16596-6	曹彩杰	28.00	11	电子商务英语	7-301-05364-5	覃 正	30.00
5	管理信息系统	7-301-12348-5	张彩虹	36.00	12	网络支付与结算	7-301-16911-7	帅 勇	34.00
6	电子商务概论	7-301-13633-1	李洪心	30.00	13	网上支付与安全	7-301-17044-1	帅青红	32.00

序号	书名	标准书号	主编	定价	序号	书名	标准书号	主编	定价
7	管理信息系统实用教程	7-301-12323-2	李松	35.00	14	企业信息化实务	7-301-16621-5	张志荣	42.00
15	电子商务法	7-301-14306-3	李瑞	26.00	29	商务智能与数据挖掘	7-301-17671-9	张公让	38.00
16	数据仓库与数据挖掘	7-301-14313-1	廖开际	28.00	30	管理信息系统教程	7-301-19472-0	赵天唯	42.00
17	电子商务模拟与实验	7-301-12350-8	喻光继	22.00	31	电子政务	7-301-15163-1	原忠虎	38.00
18	ERP原理与应用教程	7-301-14455-8	温雅丽	34.00	32	商务智能	7-301-19899-5	汪楠	40.00
19	电子商务原理及应用	7-301-14080-2	孙睿	36.00	33	电子商务与现代企业管理	7-301-19978-7	吴菊华	40.00
20	管理信息系统理论与应用	7-301-15212-6	吴忠	30.00	34	电子商务物流管理	7-301-20098-8	王小宁	42.00
21	网络营销实务	7-301-15284-3	李蔚田	42.00	35	管理信息系统实用教程	7-301-20485-6	周贺来	42.00
22	电子商务实务	7-301-15474-8	仲岩	28.00	36	电子商务概论	7-301-21044-4	苗森	28.00
23	电子商务网站建设	7-301-15480-9	臧良运	32.00	37	管理信息系统实务教程	7-301-21245-5	魏厚清	34.00
24	网络金融与电子支付	7-301-15694-0	李蔚田	30.00	38	电子商务安全	7-301-22350-5	蔡志文	49.00
25	网络营销	7-301-22125-9	程虹	38.00	39	电子商务法	7-301-22121-1	郭鹏	38.00
26	电子证券与投资分析	7-301-22122-8	张德存	38.00	40	ERP沙盘模拟教程	7-301-22393-2	周菁	26.00
27	数字图书馆	7-301-22118-1	奉国和	30.00	41	移动商务理论与实践	7-301-22779-4	柯林	43.00
28	电子化国际贸易	7-301-17246-9	李辉烨	28.00	42	电子商务项目教程	7-301-23071-8	芦阳	45.00

物流类

序号	书名	书号	编著者	定价	序号	书名	书号	编著者	定价
1	物流工程	7-301-15045-0	林丽华	30.00	31	国际物流管理	7-301-19431-7	柴庆春	40.00
2	现代物流决策技术	7-301-15868-5	王道平	30.00	32	商品检验与质量认证	7-301-10563-4	陈红丽	32.00
3	物流管理信息系统	7-301-16564-5	杜彦华	33.00	33	供应链管理	7-301-19734-9	刘永胜	49.00
4	物流信息管理	7-301-16699-4	王汉新	38.00	34	逆向物流	7-301-19809-4	甘卫华	33.00
5	现代物流学	7-301-16662-8	吴健	42.00	35	供应链设计理论与方法	7-301-20018-6	王道平	32.00
6	物流英语	7-301-16807-3	阚功俭	28.00	36	物流管理概论	7-301-20095-7	李传荣	44.00
7	第三方物流	7-301-16663-5	张旭辉	35.00	37	供应链管理	7-301-20094-0	高举红	38.00
8	物流运作管理	7-301-16913-1	董千里	28.00	38	企业物流管理	7-301-20818-2	孔继利	45.00
9	采购管理与库存控制	7-301-16921-6	张浩	30.00	39	物流项目管理	7-301-20851-9	王道平	30.00
10	物流管理基础	7-301-16906-3	李蔚田	36.00	40	供应链管理	7-301-20901-1	王道平	35.00
11	供应链管理	7-301-16714-4	曹翠珍	40.00	41	现代仓储管理与实务	7-301-21043-7	周兴建	45.00
12	物流技术装备	7-301-16808-0	于英	38.00	42	物流学概论	7-301-21098-7	李创	44.00
13	现代物流信息技术	7-301-16049-7	王道平	30.00	43	航空物流管理	7-301-21118-2	刘元洪	32.00
14	现代物流仿真技术	7-301-17571-2	王道平	34.00	44	物流管理实验教程	7-301-21094-9	李晓龙	25.00
15	物流信息系统应用实例教程	7-301-17581-1	徐琪	32.00	45	物流系统仿真案例	7-301-21072-7	赵宁	25.00
16	物流项目招投标管理	7-301-17615-3	孟祥茹	30.00	46	物流与供应链金融	7-301-21135-9	李向文	30.00
17	物流运筹学实用教程	7-301-17610-8	赵丽君	33.00	47	物流信息系统	7-301-20989-9	王道平	28.00
18	现代物流基础	7-301-17611-5	王侃	37.00	48	物料学	7-301-17476-0	肖生苓	44.00
19	现代企业物流管理实用教程	7-301-17612-2	乔志强	40.00	49	智能物流	7-301-22036-8	李蔚田	45.00
20	现代物流管理学	7-301-17672-6	丁小龙	42.00	50	物流项目管理	7-301-21676-7	张旭辉	38.00
21	物流运筹学	7-301-17674-0	郝海	36.00	51	新物流概论	7-301-22114-3	李向文	34.00
22	供应链库存管理与控制	7-301-17929-1	王道平	28.00	52	物流决策技术	7-301-21965-2	王道平	38.00
23	物流信息系统	7-301-18500-1	修桂华	32.00	53	物流系统优化建模与求解	7-301-22115-0	李向文	32.00
24	城市物流	7-301-18523-0	张潜	24.00	54	集装箱运输实务	7-301-16644-4	孙家庆	34.00
25	营销物流管理	7-301-18658-9	李学工	45.00	55	库存管理	7-301-22389-5	张旭凤	25.00
26	物流信息技术概论	7-301-18670-1	张磊	28.00	56	运输组织学	7-301-22744-2	王小霞	30.00
27	物流配送中心运作管理	7-301-18671-8	陈虎	40.00	57	物流金融	7-301-22699-5	李蔚田	39.00
28	物流项目管理	7-301-18801-9	周晓晔	35.00	58	物流系统集成技术	7-301-22800-5	杜彦华	40.00
29	物流工程与管理	7-301-18960-3	高举红	39.00	59	商品学	7-301-23067-1	王海刚	38.00
30	交通运输工程学	7-301-19405-8	于英	43.00	60	项目采购管理	7-301-23100-5	杨丽	38.00

相关教学资源如电子课件、电子教材、习题答案等可以登录 www.pup6.com 下载或在线阅读。

扑六知识网(www.pup6.com)有海量的相关教学资源和电子教材供阅读及下载(包括北京大学出版社第六事业部的相关资源),同时欢迎您将教学课件、视频、教案、素材、习题、试卷、辅导材料、课改成果、设计作品、论文等教学资源上传到 pup6.com,与全国高校师生分享您的教学成就与经验,并可自由设定价格,知识也能创造财富。具体情况请登录网站查询。

如您需要免费纸质样书用于教学,欢迎登录第六事业部门户网(www.pup6.com)填表申请,并欢迎在线登记选题以到北京大学出版社来出版您的大作,也可下载相关表格填写后发到我们的邮箱,我们将及时与您取得联系并做好全方位的服务。

扑六知识网将打造成全国最大的教育资源共享平台,欢迎您的加入——让知识有价值,让教学无界限,让学习更轻松。联系方式: 010-62750667,wangxc02@163.com, lihu80@163.com,欢迎来电来信。